安徽省教育厅人文社科重点项目（SK2017A0560）资助出版

XUEXIZHE YINSU
HE WAIYU XIEZUO GUOCHENG YANJIU

学习者因素
和外语写作过程研究

English

任风雷◎著

安徽师范大学出版社
ANHUI NORMAL UNIVERSITY PRESS
·芜湖·

图书在版编目(CIP)数据

学习者因素和外语写作过程研究 / 任风雷著.— 芜湖: 安徽师范大学出版社,2021.5
ISBN 978-7-5676-5117-3

Ⅰ.①学… Ⅱ.①任… Ⅲ.①英语-写作-研究 Ⅳ.①H315

中国版本图书馆CIP数据核字(2021)第085521号

学习者因素和外语写作过程研究 任风雷◎著

责任编辑: 吴　琼　　责任校对: 晋雅雯
装帧设计: 丁奕奕　　责任印制: 桑国磊
出版发行: 安徽师范大学出版社
芜湖市北京东路1号安徽师范大学赭山校区
网　　址: http://www.ahnupress.com/
发 行 部: 0553-3883578　5910327　5910310(传真)
印　　刷: 苏州市古得堡数码印刷有限公司
版　　次: 2021年5月第1版
印　　次: 2021年5月第1次印刷
规　　格: 700 mm × 1000 mm　1/16
印　　张: 14.25
字　　数: 211千字
书　　号: ISBN 978-7-5676-5117-3
定　　价: 53.00元

前　言

关于外语写作，很多学生认为外语水平和词汇量决定了写作的成败。如果外语水平高，掌握了大量的词汇就一定能写出高水平的外语作文。部分教师也认为提高了学生的词汇量就能提高外语写作教学效果。

其实，外语写作是一个复杂的认知过程。影响外语写作的因素不仅有词汇量和外语水平，写作技巧、修辞技巧、母语写作水平也会影响外语写作质量。如果学生不认真对待外语写作，那么消极的学习态度和写作动机会对外语写作产生消极的影响。对影响外语写作的因素和外语写作水平的关系的认识是我们进行教学设计和课程设计的依据。

本书主要探讨了外语写作过程中学习者个人因素的介入效应，即学习者写作动机和写作策略对外语写作过程和写作效率的影响。本书主体结构分为十二章。

第一章是绪论部分，首先概括介绍了外语写作能力的标准和要求，然后提出外语写作课的重要性及其对外语学习的影响。其次，简要介绍了Hayes的四个写作过程模式，在此基础上指出写作动机和写作策略对于外语写作过程的影响。

第二章介绍了外语写作动机的内涵和基本特征，为后续的有关写作动机研究制定了研究框架。

第三章探究写作动机如何影响写作过程和写作效果。本章从写作努力程度和投入程度讨论了写作动机对于写作过程的积极影响。

第四章探究了环境因素和个人因素如何调节写作动机对写作过程和写作效率的影响。

第五章探究了影响写作动机变化的因素，指出写作动机消退的原因。

第六章结合写作信念和写作焦虑，分析写作动机对于外语写作的影响，指出写作动机、写作信念和写作焦虑的关系，以及写作动机对写作过程的积极影响。

第七章讨论了写作策略的内涵和分类，以及不同写作策略在写作过程中功能和地位的动态变化，指出提高写作过程管理效率，以及均衡分配有意注意是发挥写作策略积极效应的根本原因。

基于对写作策略的认识，第八章专门探究了隐喻策略对于提高语言输出效率和构建连贯的隐喻语篇的积极作用。

第九章基于写作策略对写作过程监控和管理的功能，从认知的角度，即有意注意的分配和均衡，探讨了写作策略对外语写作过程的影响，指出其积极作用在于均衡分配学习者的注意力和认知负荷，提高写作的效率。

第十章进一步分析了写作策略对于写作过程的影响，指出写作策略具有调节学习者的焦虑和情绪的作用，从而降低写作焦虑，提高写作输出效率。

第十一章对比两种不同外语写作过程（翻译法和直接法）所产生的英语语篇，探究母语策略的使用对于外语写作过程的影响，指出母语策略对于外语写作的影响具有动态性，因外语学习者的语言水平的不同而变化。

第十二章对全书内容做了总结，提出对于未来外语写作研究的展望。

附录1、附录2和附录3分别是第十一章的数据、问卷和语篇材料标注方法。附录4是基于交互式写作教学模式的写作课堂设计实例，附录5是交互式写作教学的理念和依据，附录6和7均是本书研究时所采用的材料。

本书采用实证方法，对于研究方法和研究过程介绍详细，适合外语专业学生阅读。另外，附录部分关于交互式写作教学的设计实例对于外语教师具有一定的教学参考价值。

目　录

第一章 绪 论

一、引 言

语言是人类特有的用于交流观点、表达思想的工具。人们使用语言进行交流和表达的方式有书面形式和口头形式两种。文字出现之后人们才可以通过书写进行书面形式的表达。写作是人类进行交流的书面表达形式，是传播文化知识的重要手段，也是学校教育的重要组成部分。在我国，大学英语是一门重要的课程。英语写作能力是我国大学生通过英语学习所要掌握的听、说、读、写、译五项基本外语技能之一，开展大学英语写作教学研究，提高大学英语写作教学效果和大学生英语写作能力十分重要。

二、大学外语写作能力要求和培养外语写作能力的重要性

写作能力是言语能力的一种，指个体的书面语言表达能力。外语写作能力是指掌握某种外语的个体使用该语言进行书面表达的能力。我国于2018年4月12日由教育部、国家语言文字工作委员会正式发布《中国英语能力等级量表》(China Standards of English，简称CSE)。该“等级量表”是首个面向中国学习者的英语能力标准，对我国英语学习者的语言能力做了等级划分，对我国的英语教学具有指导意义。“等级量表”对于英语写作能力等级及要求做了如下划分：

表1-1　书面表达能力总表

九级	能综合考虑写作目的、读者对象、交际情景等各种因素，就各类话题撰写评论性文章。能结合社会现象进行创意创作，语言具有鲜明的体裁特征，作品富有艺术感染力。
八级	能就复杂的社会问题展开论述，观点鲜明，条理清晰，层次分明，逻辑缜密。能恰当地综述和评价有关文献，进行学术类写作，理据充分，讨论深入，结论可靠。能进行一定的创意写作，行文流畅，有较好的构思和深度。
七级	能就抽象话题展开论述，自然、恰当地运用复杂句式和多样的衔接手段，阐释清晰，论证有说服力。能在学术类写作中广泛收集、分析、整合资料，并提供有力的证据来支撑自己的观点或反驳不同意见。能编写情节复杂的故事，恰当使用修辞手法，语言生动，引人入胜。
六级	能就社会热点问题或现象，运用多种论证方法阐明观点，论据充分，有逻辑性。能撰写本专业的论文摘要，符合学术规范。能进行常见文体的写作，如新闻报道、书评等，语言表达得体，篇章结构符合文体特征要求。
五级	能就感兴趣的话题写短文，有论点和论据，衔接手段多样，语义连贯。能撰写与自身专业领域相关的报告，如读书报告、调研报告等，结构完整。能写常见应用文，如感谢信、会议纪要等，格式正确，语言表达符合要求。
四级	能就熟悉的话题表达自己的观点，并使用一定的证据支持自己的观点，具有较强的说服力。能记叙个人经历和身边的活动，如校园活动等，使用常见的修辞手法，语句通顺，叙述完整。能通过社交媒介，如邮件、网页等简单讨论社会文化类内容，如传统节日、风俗习惯等。
三级	能简单说明身边所发生事件的起因、过程、结果等，用词基本准确。能使用简单的语言评论熟悉的事物并提供理由，表达基本通顺。能通过书面形式，如邮件、微信等社交网络，有条理地介绍自己的日常活动。
二级	能根据提示，如词语、例句等简单地描述身边的人或物的主要特征，用词基本正确。能根据图片用简单词句编写小故事，情节基本完整。能正确使用字母大小写形式和常见标点符号。
一级	能正确抄写单词和短句。能用简单的词和短语描述图片，如动物、食物等。能根据范例简单叙述自己的日常活动。

从1980年代至今，我国制定并且发布了一系列大学英语教学大纲或指导性文件，对我国大学生的英语写作能力提出了明确的要求。通过《中国英语能力等级量表》有关外语写作能力的定义和分级，以及我国大学生英语写作能力要求的变化，我们可以发现，外语写作能力在外语教学中越来越受到重视，培养外语写作能力十分重要。

《英语教学大纲（高等学校理工科本科四年制试用）》（草案）（1980）对听说写能力的教学要求："能听懂课堂用语，能听懂及回答根据课文提出的问题，能听写词汇熟悉的短文，能把结构不太复杂的句子正确地译成英语。"①

《大学英语教学大纲（高等学校理工科本科用）》（1985）和《大学英语教学大纲（高等学校文理科本科用）》（1986）对基础阶段写的能力的基本要求："能按规定的题目和提示在半小时内写出100词左右的短文，基本上能表达思想，无重大语法错误。"②对基础阶段写的能力的较高要求是："能在半小时内写出120词左右的短文，包括书信、文章摘要等，文理基本上通顺。"③

《大学英语教学大纲（修订本）》（1999）对大学英语四级写作能力的要求是："能在阅读难度与课文相仿的书面材料时作笔记、回答问题和写提纲，能就一定的话题或提纲在半小时内写出120—150词的短文，能写短信和便条。表达意思清楚，无重大语言错误。"④对大学英语六级写作能力的要求是："能在阅读难度与课文相仿的书面材料时作笔记、回答问题、写提纲和摘要，能就一定的话题、提纲、表格或图示在半小时内写出150—180词的短文，能写日常应用文（如信函、简历等）。内容完整，条理清楚，文理通顺。"⑤

《大学英语课程教学要求（试行）》（2004）对写作能力的一般要求：

① 王守仁:《高校大学外语教育发展报告(1978—2008)》,上海:上海外语教育出版社,2008:41页。
② 王守仁:《高校大学外语教育发展报告(1978—2008)》,上海:上海外语教育出版社,2008:46页。
③ 王守仁:《高校大学外语教育发展报告(1978—2008)》,上海:上海外语教育出版社,2008:47页。
④ 王守仁:《高校大学外语教育发展报告(1978—2008)》,上海:上海外语教育出版社,2008:54页。
⑤ 王守仁:《高校大学外语教育发展报告(1978—2008)》,上海:上海外语教育出版社,2008:55页。

"能完成一般性写作任务，能描述个人经历、观感、情感和发生的事件等，能写常见的应用文，能就一般性话题或提纲在半小时内写出120词的短文，内容基本完整，用词恰当，语言连贯，能掌握基本的写作技能。"①

《大学英语课程教学要求》(2007)对写作能力的一般要求："能完成一般性写作任务，能描述个人经历、观感、情感和发生的事件等，能写常见的应用文，能就一般性话题或提纲在半小时内写出不少于120词的短文，内容基本完整，用词恰当，语言连贯，能掌握基本的写作技能。"②

《大学英语教学指南》(2020)对写作能力的要求是：一、基础目标的书面表达能力："能用英语就感兴趣的话题撰写短文，描述个人经历、观感、情感和发生的事件等，语句通顺，语意连贯；能撰写常见的应用文，如感谢信、邀请信等，格式正确，语言表达基本规范；能就一般性话题或提纲以短文的形式展开简短的论述、解释、说明等，语言结构基本完整，中心思想明确，有论点和论据，用词较为恰当，衔接手段多样，语意连贯。能运用基本的写作技巧。"③二、提高目标的书面表达能力："能用英语就一般性话题表达个人观点，语言表达得体；能撰写所学专业论文的英文摘要和英语小论文，符合学术规范；能进行常见文体的写作，如图标描述、新闻报道、书评等，篇章结构符合文体特征要求。语言表达内容完整，观点明确，论据充分，条理清楚，语句通顺，有逻辑性。能较好地运用常用的写作技巧。"④三、发展目标的书面表达能力："能比较自如地表达个人的观点，且做到言之有物、言之有理、言之有序；能就广泛的社会、文化主题写出有一定思想深度的说明文和议论文，就专业话题撰写简短报告或论文，思想表达清楚，内容丰富，文章结构清晰，论据充分，逻辑性较强；能对从不同来源获得的信息进行归纳和整合，写出大纲、总结

① 王守仁：《高校大学外语教育发展报告(1978—2008)》，上海：上海外语教育出版社，2008：60页。

② 教育部高等教育司：《大学英语课程教学要求》，上海：上海外语教育出版社，2015：2-4页。

③ 教育部高等学校大学外语教学指导委员会：《大学英语教学指南(2020版)》，北京：高等教育出版社，2020：12页。

④ 教育部高等学校大学外语教学指导委员会：《大学英语教学指南(2020版)》，北京：高等教育出版社，2020：14页。

或摘要，恰当地语用复杂句式和多样化的衔接手段，阐释清晰，论证有力；能以正确的格式和恰当的文体撰写商务信函、简讯、备忘录等。能恰当地运用写作技巧。”[①]

从1980年“大纲”的“能把结构不太复杂的句子正确地译成英语”，一直到2020年的“教学指南”的“发展目标”要求的“能比较自如地表达个人的观点，且做到言之有物、言之有理、言之有序”，“写出有一定思想深度的说明文和议论文，就专业话题撰写简短报告或论文，思想表达清楚，内容丰富，文章结构清晰，论据充分，逻辑性较强”，“能恰当地运用写作技巧”等变化，表明我国高等教育中外语写作能力的要求不断提高，加强大学外语写作教学，提高外语写作教学的效果十分必要。

三、学习外语写作的意义

1.培养学生的批判性和创造性思维

对外语学习者来说，学习外语写作有利于培养批判性思维和创造性思维。我们在外语教学中往往只专注于语言形式，却常常忽视了对学生思辨能力的培养。我们通常认为学生不查字典就能阅读和理解外语中的某些思想或难度较大的文章或论文就已经达到很好的教学效果了，但是学生能消化它们，让这些思想观点成为他们自己的吗？通过阅读外语文章和著作，学生是否学习到某方面知识，改变了自己对某种现象的认识？实际上，由于外语教学只重视语言形式的学习，忽视思想内容的学习，使得外语课只是语言学习，失去“育人”的教育目的。对于外语专业的学生来说，教学中重语言轻思辨能力的倾向更加明显。由于忽视思想内容，缺少批判性思维，尽管学生写作文时在语言上下很大功夫，其外语作文仍呈现出较多问题。比如，缺乏逻辑性，内容不连贯，缺少思想，空洞乏味。尽管他们注意逻辑连词使用，有时候也掩盖不了文本结构的杂乱。其原因是缺乏思辨

① 教育部高等学校大学外语教学指导委员会：《大学英语教学指南（2020版）》，北京：高等教育出版社，2020：16页。

能力的培养，导致学生写文章时缺少明确的框架，也不知道如何写下第一句话，不知道自己的思路从哪里开始，也不知道构建文章框架的标准。所以，学生需要通过写作课的学习，培养思辨能力，提高组织文字和语篇的能力，以及更加有效准确地表达自己想法的能力。

通过写作学习可以影响学生的思维方式，提高写作的逻辑性，培养更严谨和有条理性的工作习惯。比如，老师布置一个任务，要求学生报告人们对某种社会现象有什么不同的观点。要找到这个问题的答案，必然迫使学生思考和阅读，收集材料和信息。如果只是要求学生在课堂上作口头回答，他们可能就做一个简单的准备，或者只写一个提纲。但是，如果要求学生写一篇条理清楚逻辑缜密的作文，那么，他们就得对这个问题有清晰的认识。为此，他们必须在写作之前做好充分准备，比如，去图书馆或上网查资料，或者调查和访谈等。阅读和搜索信息以获得证据，可以培养他们严谨的工作态度。如果只是敷衍一下递交作文，那么，他们自己也会觉得不安。因为其作文无论从内容还是文采方面都不令人满意，就会面临老师和读者的负面评价。因此，写作迫使我们直面问题，使得我们深入思考，重新定义自己的态度和立场，使我们能够以更有效的方式向他人表达自己。

2.外语写作是学习新知识的工具

良好的写作技能有助于学生在大学学习和未来的职业生涯中取得成功。写工作总结和写研究论文可以激励学生进行创造性思考，培养他们独立处理困难业务的能力。假设某人在一家公司工作，老板要他调查公司产品的销售情况，他就得考虑如何做调查，如何写报告。再比如，某人想出国留学，需要写一封申请信，他就应该知道申请信的基本结构，需要什么样的信息和内容，应该选择什么样的词，以便清楚地表达自己的意思，说服读者。

写作使我们深思，让我们更加关注社会和生活。当我们写一篇分析某一社会事件的文章时，我们必须彻底地分析这一事件。撰写研究论文和商业报告时，必须遵循严格的文体格式，注释资料来源，收集的数据要有确凿的证据。所以在写作的过程中我们会慢慢培养起严谨认真的工作态度和工作风格。

写作过程也是我们学习新事物的过程。因为在写作过程中，我们强迫自己去思考和研究自己在写什么，只有我们充分认识和了解了自己的主题，才能让读者明白我们所写的内容。因此，在写作的过程中，我们不断思考和学习，逐渐获得了关于写作主题的准确概念，学到了以前自己不太熟悉的知识。例如，我们对图腾的了解很少，如果老师给了一个关于印第安人图腾的写作作业，下周上课的时候介绍给自己的同学，那么，我们就必须查找和阅读相关资料，收集和整理相关信息，然后开始动笔写作。经过这个关于印第安人图腾的写作，我们研究、探索并掌握了有关图腾的知识。

3. 外语写作有利于提高外语学习的效率

（1）有意注意和语言的摄入与内化

就外语学习而言，写作提高我们外语学习的效率。书面表达是一种语言输出，是提高语言学习效率的工具。关于外语学习过程及外语学习怎样发生，人们提出了各种学习模式和假设，比如，输入假设、输出假设、互动假设、社会文化模式、产出导向模式等。但是，不论何种学习过程和学习模式，最终实现学习目的和检验学习效果的标准就是语言能力的提高，体现为语言知识的内化和语言形式的输出。达到语言知识内化并提高语言能力的途径就是语言实践，即通过语言输出和有意注意，把陈述性知识转化为程序性知识。在实现语言知识内化和转化为语言能力的过程中，语言输出是重要的环节。

20世纪70年代末，美国著名应用语言学家Krashen（1982）提出了二语习得的监控模式。该模式包括五大假说：习得-学得假说、自然顺序假说、监控假说、输入假说和情感过滤假说。监控模式强调在二语学习的环境中，通过自然的语言接触，二语学习者可以自然成功获得目标语能力。该模式认为，通过提高语言输入的可理解性，学习者可以获得新的语言知识并内化为语言能力。然而，在语言知识的“摄入（intake）”环节和语言能力的内化过程中，必须提高学习者的有意注意，否则就可能产生不良的“摄入”效果，导致语言的洋泾浜化倾向（Schmidt & Frota 1986）。因此，Swain（1993）提出来“输出假说”，Michael Long（1996）提出“互动协商假说”和“有意注意（noticing）假说”。通过强迫输出和意义协商，学习者提高了对于语言形式和意义的一致性的注意，从而导致“摄入”的发生。因此，有意注意的选择和强度的提高是促进可理解输入向“摄入”转化的关键，也是语言能力“内化”和语言习得的前提条件。根据“输出假说”理论，强迫性输出可以提高学习者对输出形式的排练（rehearsal）和注意程度。因此，通过强化学习者的输出和提高有意注意品质，可以提高可理解输入向摄入的转化效率。

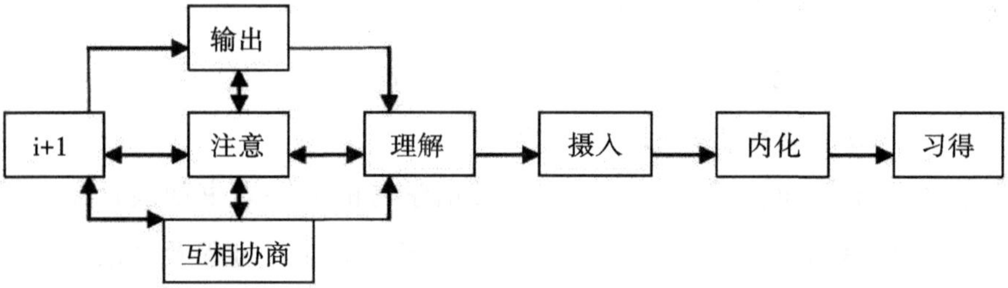

图 1-1　可理解输入和语言习得

语言学习离不开学习者的语言输出。假如学习者缺乏语言实践，没有来自学习者的语言输出和反馈，学习者就没有机会知道自己的语言输出和目标语的标准之间的差别，无法识别和改进自己的语言知识，导致学习者的有意注意不能发挥功能，不利于语言的“摄入”和“内化”。课堂互动和意义协商之所以能提高语言输入的效果是因为增加了语言输出，使得学习者能够更好地发挥有意注意的功能，监控、识别和提取语言知识，实现语言知识的内化。因此，语言学习的关键是激发学生认知的参与，也就是用积极的有意注意参与到学习当中，而语言输出提供了“有意注意”的目标，增加了与语言接触的频率。

（2）二语（外语）[①]写作是有效的二语强迫输出

写作过程是一个复杂的认知过程，比如，书面的语言输出要经过写作者内在的排练，形成思想内容，然后转写翻译为书面文字，经过停顿并回读，写作者检查和修改已经输出的文字，最后形成正式文本。因此，输出过程得到充分的尝试、创新、监控、核对和修改，产生的书面语言成品相对于口头表达是高质量的。比如，从语法正确、句式词汇多样、修辞技巧多样、表达得体，以及内容连贯、句子衔接正确等方面说，二语写作普遍高于口头表达的质量。而写作过程中的尝试、创新增加了学习者创造性使用二语的机会，监控、核对和修改则有利于验证学习者的语言假设，从而逐渐培养其语言能力，促进语言知识的摄入和内化。而监控和核对的过程则要求有相关机制保证有意注意的效果。二语写作的成品是有形的文本，而书面表达的有形特质为注意提供了明确的目标和依据，保证了有意注意的质量和效果。因此，在一定程度上说，写作过程就是输出—注意—核对—修改—确认—内化的过程。

如何促进学习者“有意注意”要靠外界的刺激。一方面外部环境要尽可能降低“情感过滤”的不利影响；另一方面，要从语言输入的方式和强迫输出的方面提高学习者的注意品质。从这两个方面分析，写作文本具有提高有意注意的品质的作用。书面文字材料作为可理解输入更容易让学习者注意，因此，写作能促进语言摄入和内化的效率，促学效果显著。比如，有形可见的语言结构比声音更容易引起学习者的注意，并能接受学习者的多次检查，提高注意的效果；另外，写作可以是个人行为，这样避免一些尴尬，帮助学习者克服焦虑和心理障碍，降低“情感过滤”。因此，通过写作实践，能够培养学习者信心，激发学习兴趣（王初明 2005）。随着写作练习的增加，学习者使用语言的机会增多，所以熟能生巧，语言表

① 根据Ellis(2000:12,700,705)，外语学习和二语习得主要区别在于学习环境（比如学校和工作场所）和目标语是否属于学习者所在社区的主要语言。在我国，外语学习主要在学校进行，学习目的是掌握一门交流工具。因此，在我国二语学习其实和外语学习有一定区别。但是，在本书中，为了叙述方便，外语学习和二语学习，外语写作和二语写作可能交替出现，没有做严格区分。

达能力自然提高。

（3）二语写作有效提高语言学习效率

二语写作可以加速二语知识的内化。因为，在写作过程中，我们会尝试使用可能用到的语言形式，从而创造性地使用我们正在学习的目标语。同时，在写作的过程中，我们可以有更多机会注意自己在写什么，比如，书写的时候我们把注意力集中于语言形式，这样我们可以更好地注意单词拼写和句子的构造，减少语言错误。而且书写的过程更容易使我们集中注意力，减少失误，提高学习效率。另外，即使是写作过程中面对表达内容的挑战，我们想方设法创造和使用任何可能用到的单词和句型，达到更清楚的表达自己的思想的目的。这些尝试和创造使我们获得更多的使用和学习单词和语法的机会。此外，大量的使用英语使我们更加熟悉固定的句子和短语，把这些句子或短语转化为我们语言能力中活跃的因子，因此，我们可以不用思考就很快地提取它们，因为它们已经自动存储在我们的脑海中。比如，我们都知道How are you? Nice to see you，等等，由于多次的输出练习，我们对此句型非常熟悉，以至于当别人和我们打招呼时，我们可以不假思索就做出相应的应答，而不必仔细思考，更不必在选择How are you? 或者 Hello!时考虑哪个正式或随意，因为我们已经将它们内化在我们的头脑中。这种内化的知识就好像我们学会了骑自行车后，我们不必考虑哪只手或哪只脚应该更用力以保持平衡：这是我们的大脑在潜意识中支配手或脚完成的。因此，由于知识的内化，尽管我们不知道或者没有意识到这些复杂的活动，我们依然能够完成这些复杂的任务。所以英语写作由于增加实践的频率，能够加速语言知识的内化，能提高我们使用外语的技能。

写作学习促进二语输出质量的提高。“英语写作，不仅仅是把词汇凑成句子，再把句子连成段落、篇章，更重要的是思想内容。它是语言学习中最能体现和培养创新思维、批判思维和表达能力的技能。在语言学习中，我们离不开在写作中学会的技巧和方法。”[①]比如，语言知识的学习、

① 张在新等：《大学英语写作教程——从创新思维道批判思维》，北京：外语教学与研究出版社，2020：I页。

修辞技巧和写作策略的培训对于语言综合应用能力的提高具有积极意义。学习者在做课堂口语展示或者做演讲的时候，可以采用写作课所学的技巧和策略。比如，写作课上所学的列提纲方法可以用到口语表达上，让自己的发言更加层次清晰富有条理。另外，写作课上所学习的修辞技巧可以用来提高自己口语表达的效果。

上文分析表明，外语写作能力是重要的外语应用能力之一，而外语写作教学对于外语学习和培养学习者的思辨能力具有重要意义。那么，如何提高外语写作教学效率，离不开对于外语写作的认识，因此有必要开展外语写作教学研究。

四、外语写作过程研究和外语写作模式

写作研究具有悠久的历史。南朝刘勰的《文心雕龙》是中国第一部系统的文学理论著作，反映了在距今1500多年前中国人已经对写作进行系统的研究。而西方的写作研究则可以追溯到古希腊哲学家亚里士多德的《修辞学》。外语写作研究则源于20世纪中后期，其理论体系的发展借鉴了母语写作的研究成果。而且外语写作研究是二语习得研究领域的重要研究分支，其研究对于发展外语学习理论，提高外语教学水平具有积极影响。

外语写作研究始于20世纪60年代末70年代初的美国和英国。在针对以英语为外语的留学生而开展的外语教学活动中，研究人员对比母语和外语语篇的修辞特征和语言特征，从而引发了外语写作研究。因此，早期的外语写作研究范式是基于文本分析的研究。20世纪60年代认知心理学兴起后，学者们纷纷将目光投向写作行为本身，探究写作过程中写作者的认知的变化、影响及构成因素。研究人员通过有声思维法、观察法、访谈法，结合搜集来的学生的初稿、写作提纲以及最后成品，分析学生的写作过程，建立写作过程研究模式（Krapels 1996）。在外语写作研究领域，20世纪80年代开始出现对外语写作过程的研究。外语写作研究借鉴了母语写作研究范式。基于母语写作研究成果，研究者提出了一系列外语写作模

式。其中具有代表性的当属于Hayes & Flower（1980）提出的写作过程认知模式，以及后来在此基础上修订而成的三个外语写作过程模式。

1.写作过程认知理论模型

写作过程认知理论模型自1965年Rohman提出的“前写作—写作—重写”的线性模型后吸引了很多学者的关注。比如，受其影响，Newell & Simon（1972）从信息加工理论出发，提出“问题—解决”写作模式；Hayes & Flower（1980）提出写作过程认知模型；Scardamalia & Bereiter（1987）提出双过程写作发展模型；Levelt（1989）提出了言语产出模型；Anderson（1989）则提出了“观念产出－写作－重写”的模式；Kellogg（1994）提出“形成—执行—监控”三过程写作模型。其中，Hayes & Flower的1980写作过程认知模型在外语写作研究领域具有重要影响。在该模型的基础上，Hayes又先后提出三个写作过程模型，分别是1996模型、2001模型和2012模型。

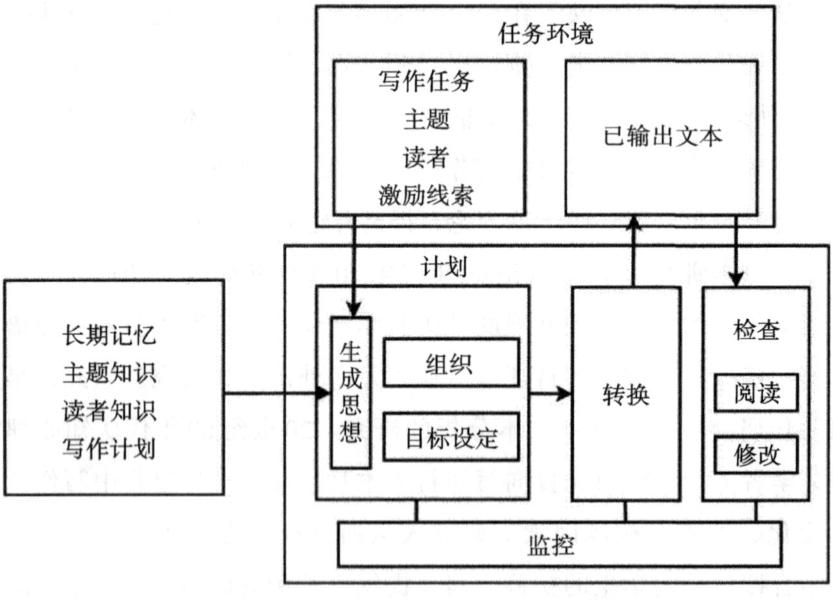

图1-2 Hayes & Flower的1980写作过程认知模型

（1）Hayes & Flower的1980写作过程认知模型

Hayes & Flower（1980）在*Identifying the Organization of Writing Processes*

一文中提出写作过程认知模型。在该模型中，Hayes & Flower 把写作过程分为任务环境、长期记忆和写作过程三个部分。

任务环境是指写作者外部影响因素和任务实施环境，包括主题、读者和激励线索。这些因素会影响到写作计划和目标设定。比如，在激励线索环节，如果老师用严肃的态度布置写作任务，那么便会激发写作者以认真的态度完成任务。

写作者的长期记忆与主题知识、读者知识以及写作计划（stored writing plans 或译为写作图式）有关。比如，让某人写一篇新闻稿，那么，他既有的写作计划（写作图式）会引导他以“何时、何地、何事、何因、何人”等五要素为计划展开。

写作过程发生于工作记忆中，其影响来源则是长期记忆。写作者在制定计划时从长期记忆中提取信息，或在计划过程中即时生成写作计划以进行目标设定并制定要实现的目标。计划包含三个子过程：生成思想、组织和目标设定。写作者根据写作任务从长期记忆中提取信息，以碎片化的语言初步形成写作概念，然后依据写作概念组织成具体的写作计划。目标设定成功与否是对生成结果的检验。它虽然开始于写作前阶段，但同生成和组织一样会贯穿于整个写作过程。

转换是指在计划的指导下将写作者存储的记忆转换为正式的、可接受的语言。Hayes 认为，记忆中的信息以网络或图像形式储存，写作者在意识到某个信息的时候并不能直接说出来，而要通过转换过程才能把这些概念转化为语言。

检查是通过阅读已生成文本来发现和修改文本中的语言错误。它不仅可以提高文本质量，也可以检验是否实现写作计划。此外，检查还有一个功能，即激发新一轮写作过程。

这个写作模型强调写作过程的非线性和循环性，把写作过程看成是“任务环境—长期记忆—认知过程”三者相互影响的动态过程。该模型不仅讨论了写作过程认知模型的构成，还探讨情感和社会因素对写作过程的影响。

（2）Hayes 的 1996 模型

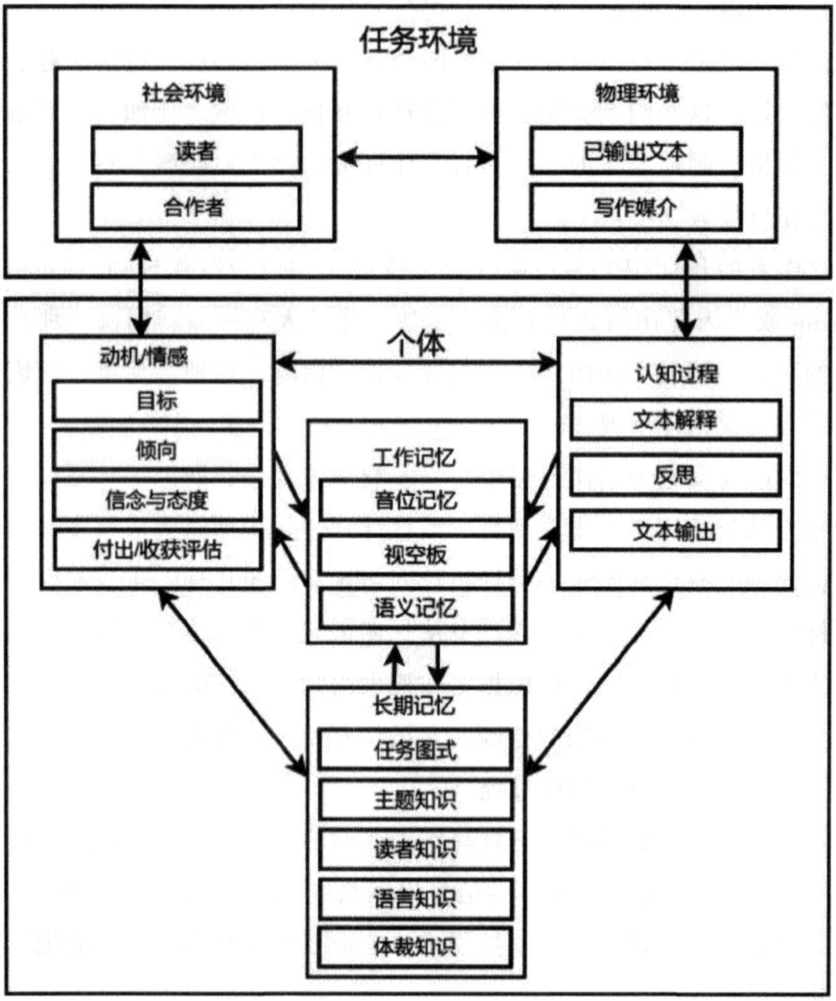

图 1–3　Hayes 的 1996 模型

1996 模型是“任务环境—个体”两个维度互相作用和影响的循环模型。Hayes 把认知、情感和记忆都纳入个体因素之中，而任务环境包括社会环境和物理环境。社会环境由读者和合作者构成。物理环境包括生成文本和作文媒介。社会环境和物理环境相互影响，共同构成任务环境。读者和合作者组成的社会环境与生成文本和作文媒介构成的物理环境之间相互影响。随着作文媒介的改进，传统的纸、笔被电子产品的作文媒介所替代，对写作过程产生一定影响。写作者与合作者的合作影响写作过程和写作效果。

该模型对整个认知过程的组成部分进行了重组，凸显了“动机/情感”在写作过程中的作用，强调了工作记忆在写作过程中的作用。工作记忆作为人认知活动的工作空间，要处理来自外界的信息以及从长期记忆中提取的信息。Hayes把工作记忆置于写作过程的核心位置，与“动机/情感”、长期记忆以及认知过程互相影响，因为Hayes认为工作记忆参与了所有的写作过程。在该模型中，Hayes把工作记忆切分为音位记忆、语义记忆和视空板，用于储存语音、语义以及“视觉—空间”信息。因此，相比1980模型，新模型也强调了“视觉—空间”和语言在写作过程中的表征。

1996模型中增加“动机/情感”等写作者个人因素。Hayes认为，目标、倾向、信念与态度、付出/收获评估都是影响写作进程的“动机/情感”因素。比如，我们在写作中不会只设立一个目标，不同的写作阶段会有不同目标。有时候目标之间是对立的，比如，简短与全面。这时候目标的选择就要根据写作者的需求来确定。只有高需求的目标才能直接引导目标的实施。要实现一个目标的策略也可能有很多种。那么，写作者就会在“付出/收获评估”环节进行最优选择，即以最少的付出获取最大收益。无论是短时记忆中，还是长期倾向之中，都有“动机/情感”参与。

新的认知过程包含了三个因素：文本解释、反思和文本输出。文本解释是写作者从语言和图表信息的输入进行内部表征，以个人的心理结构形式对外部信息进行加工、储存和提取，即对文本的理解和记忆。这种信息输入就要通过听、阅读和图表扫描等活动完成。反思即是对内部表征的认知操作，通过推理、决策以及问题解决等活动进行，产生新的内部表征。与文本解释相反，文本输出则是将内部表征带入具体的任务环境，即进行文本、语言或图表的输出。而且这种输出往往是碎片化的，比如，在有声思维报告中出现的停顿、语法上的不连贯等现象即证明了输出的碎片化。

1996模型增加了两个维度的考量，即写作媒介和“动机/情感”因素。

（3）Hayes 的 2001 模型

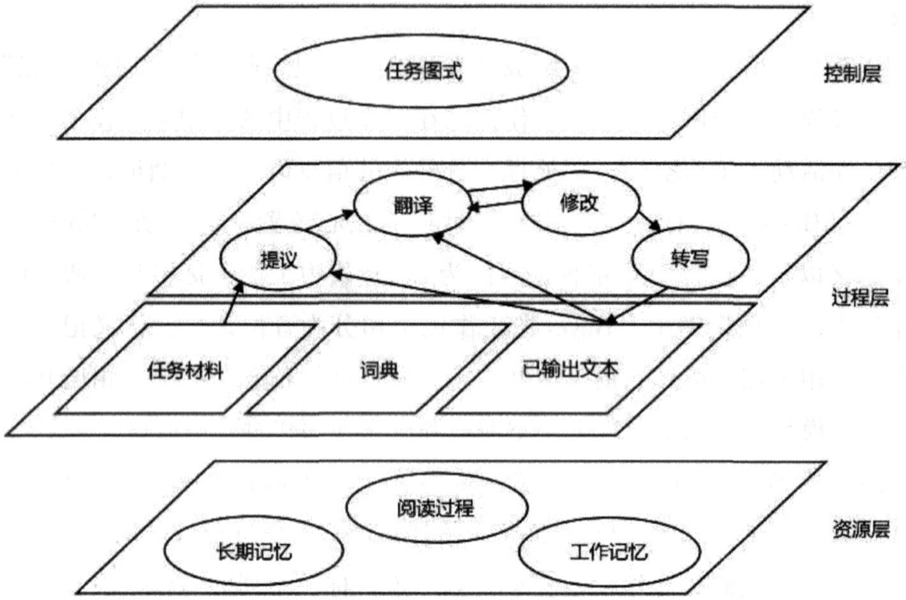

图 1-4　Hayes 的 2001 模型

2001 模型包括三个层面，即资源层面、过程层面和控制层面（Chenowith & Hayes 2001）。资源层面包括内部记忆和其他层面（过程层面或者控制层面）的过程所诱发的目标过程。比如，提议过程可以唤起长期记忆，提供写作叙述文的信息；翻译过程唤起词汇信息和语法信息，转写过程激活书写规则。翻译过程也能激活阅读过程，比如，写作者通过阅读已输出文本，检查语言形式，保证使用的数和时态是正确的。翻译过程唤起工作记忆，把输出内容存储到缓冲器中，接受修改过程的批评。

过程层面分为内部过程和这些过程的外部环境。内部过程包括四个过程，即提议过程、翻译过程、修改过程和转写过程。提议过程产生要表达的思想。翻译过程把前语言思想转化成词序正确和符合语法的语言。修改过程评估当前的语言。转写过程把表达思想的语言转化为书面的文字。经过转化处理的语言输出受到修改过程的评估，确定所写文字是否可以接受，或者再次尝试别的替换方式。

外部环境包括读者、已输出文本和任务材料（比如诱发材料文本、评价和笔记)。环境也包括词典、写作风格指导、电脑界面、拼写检查工具等。外部环境类似于任务环境,包括社会环境和自然环境。

在控制层面是任务图式,包括任务目标和一套控制过程层中各个过程之间互动的输出。在过程层面,是一系列典型的被任务图式激活的活动。这些活动至少在部分方面受到意愿控制,并且由于任务和写作者不同而变化。这样,写作者就进入了"自由写作"的状态。他们也许不选择激活修改过程,但是,如果在写研究计划的草稿时,他们则选择广泛的修改。当面临困难的写作任务时,不太自信的二语写作者就会选择依赖母语资源,或者可能决定改变自己要表达的信息。

在写作任务中,Hayes认为提议过程产生句子。提议过程受到任务目标和已输出文本的影响,产生前语言材料并把它们提交给翻译过程。翻译过程将处理加工这些前语言输入,并把这些语言输出存储到发声缓冲器,接受修改过程的评价。如果语言输出经判断可以接受,就由转写过程添加到已输出文本;如果语言输出不可接受,提议过程或者翻译过程就再次启动。如果写作者回到正在进行的草稿,重新修改草稿,那么,该过程可能开始于写作者阅读文本,修改过程对文本进行评价之时。直到修改过程做出消极评价,提议过程开始产生替换方案,阅读和评价文本的过程才停止。

四个过程中的每个过程不是只被动接受前一个过程的输入。相反,每个过程都受到紧随其后的下一个过程的影响。比如,Hayes认为前语言资源可能根据一个思想内容提出几个不同变体,而且其中的一些变体比其他变体更加容易翻译成结构正确的语串。容易翻译的变体可能比难翻译的变体更容易被选择。因此,选择材料用于表达依赖于提议过程和翻译过程。进一步说,修改过程持续不断监控翻译的输出。由于要修改和订正语法错误,写作者经常中断语串的输出。因此,句子生成过程依赖于翻译过程和修改过程的互动。

（4）Hayes的2012模型

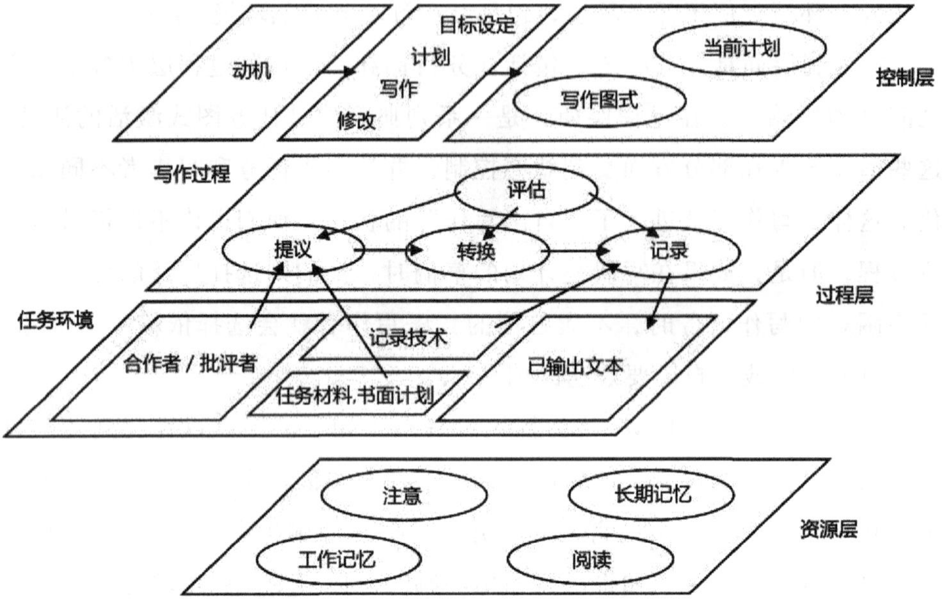

图1–5　Hayes的2012模型

2012年，Hayes提出了新的写作模型，把写作过程看作一个“控制—过程—资源”三层结构。控制层中各要素之间的影响是单向的，其中动机是影响源。动机影响目标设定，涉及目标的计划、写作和修改；目标设定则影响当前计划及写作图式。控制层中的写作图式实际上是写作者心里关于各种写作语篇的经验或知识。不同的目标设定影响写作者选择不同的写作模板，从而影响语篇的结构和组织，以及修辞和词汇的选择。

过程层被分成写作过程和任务环境。Hayes在此模型中强调了写作环境对于写作过程的影响。“已输出文本”和“记录技术”（即文本记录工具）被归入“任务环境”。Hayes把记录技术当作影响写作过程的重要因素。

在写作过程中，“合作者/批评者”的反馈，以及“任务材料，书面计划”的诱发，促进写作者“提议”思想内容，然后经过“转换”，抽象的思想内容转化为具体的语言，经过“记录”手段，思想内容转化为形象具体的书面文字，即“已输出文本”。由于“记录技术”的发展，纸笔记录工具可能被电脑替代，产生的文本存储于电脑里。在写作过程中，“评估”发挥监控和管理的功能。经过“评估”的监控和管理，“提议”的思想和“转换”“记录”的文字材料才能成为“已输出文本”。

在2012模型中，Hayes把计划、构思、修改过程归为更局部的过程元素。计划、构思和修改行为都不是线性出现的，在写作过程中任何时候都可能发生。这些行为的发生依赖于写作者的注意、监控、判断和决策。比如修改，它需要写作者发现问题，寻找对策，把对策概念转换为语言形式，再把转换好的语言记录下来。因此，写作过程的基本元素是提议、评估、转换和记录。在不同写作过程中发挥功能的元素不同。

（5）写作过程和动机/情感因素

纵观Hayes写作模型的发展过程，可以发现个人情感因素一直都是影响写作过程的重要因素。然而，在不同的模型中受重视的程度不同。Hayes的写作过程认知模型基本上都包括任务环境、写作（提议、转换和修改）过程、长期记忆、监控和反思等元素。早期的模型只重视写作者的认知心理过程，后来的模型更加重视写作者的动机和情感因素。动机在1980模型中开始出现（motivational cues，翻译为“激励线索”），不过当时动机因素并没有引起人们的重视。后来在1996模型中，动机/情感因素得到重视。2001模型中没有提及动机因素。在2012模型中，动机因素再次被重视，被视为目标设定、当前计划和写作图式的影响源。Hayes在写作过程研究中引入情感动机维度对写作研究产生重大影响，拓宽了写作研究的范围。Hayes的写作模型兼顾了写作者的认知和情感，也考虑到外部因素对写作者以及写作过程的影响，有利于进一步认识写作过程以及影响写作过程的因素。

在1980模型中，“动机”只是一个“激励线索”，被看作诱发和启动写作程序的外部刺激。比如，写作任务材料难易程度诱发写作者构思内容的效果，老师的态度诱发学习者对写作任务的态度。1996模型提出个人的“动机/情感（目标、倾向、信念与态度、付出/收获评估）”维度对于写作过程的影响。此模型强调“动机/情感”对写作者的认知过程的影响，比如，“工作记忆（音位记忆、视空板和语义记忆）”和“认知过程（文本解释、反思和文本输出）”。2001模型没有提到“动机”因素对写作过程的影响。2012模型重新提出“动机”因素对写作过程的影响。此时，“动机”被看作影响“目标设定（计划、写作、修改）”和“当前计划”“写作图式”根本原因。“动机”和“目标设定”“当前计划”“写作图式”被置于一个层面，即控制层面，监控和管理写作过程。我们可以发现，这些模型中的“动机/情感”都是指向认知过程，即促发写作过程的启动和维持。实际上，写作者的体验、经历、信念、情绪和焦虑与否的心理状态影响写作者的工作状态和效率，影响写作者对整个写作过程的监控和管理，影响写作过程中有意注意的分配，以及写作输出效率和写作文本质量。

动机是指个人内在的动力或感情作用，促使人们有意识地做出决定和行动，并在一段时间内维持持续的脑力和体力付出以达到一个或几个既定目标（Williams & Burden 2000；王初明2003）。秦晓晴（2007）从个人需要、动机前提、情感中介/认知中介、动机行为和学习结果五个方面讨论了学习动机的构成。因此，学习者动机以“个人需要、动机前提”为前提，由于有需要而产生学习动力，“情感中介/认知中介、学习结果”促进维持或者中断学习动力（学习努力程度），即影响“动机行为”。因此，对于写作过程而言，“动机”不是仅仅激发和维持写作认知过程，而且也调节写作者的写作行为。比如，写作信念和预期目标影响写作者努力投入程度，因而影响写作成效。因此，动机/情感等个人因素介入写作过程，与写作者的认知能力和写作能力共同影响写作过程和写作水平，是写作研究不可忽视的方面。尽管Hayes写作模式重视动机因素，但是只强调动机对于目标设定等局部的认知过程的影响（陈雪群2018），因此，我们要从宏观的写作过程的监控和管理角度来解释Hayes的模型中的动机/情感维度。

2.影响二语写作过程的因素

影响二语写作过程的因素有内部因素和外部因素。学习者的认知能力、二语水平、母语写作能力、认知风格等属于内部因素，影响二语写作过程和写作水平，比如，外语水平影响学习者写作策略的使用，低水平的外语学习者在外语写作中使用更多的母语策略（杨淑娴 2002），写作过程中停顿的情况较多。

母语影响二语写作过程。其一，母语使用影响构思和转写过程。外语写作过程中存在翻译行为。在使用外语表达自己的思想时，写作者要把通过母语思维所构思的思想内容转化翻译为外语文本（Martin-Betancourt 1986；Arndt 1987；王文宇、文秋芳 2002）。其二，写作者的母语写作能力和写作知识迁移到外语写作过程中，影响外语写作效率。其三，在不同的写作阶段，母语发挥不同的功能，影响写作过程（Wang 2000；郭纯洁、刘芳 1997）。比如，在理解主题、构思内容、检查和修改文章、监控和协调写作过程等方面母语都发挥一定的作用。

文化因素影响二语写作过程。比如，影响构思过程。当写作任务话题与母语文化有关的时候，学习者可以利用母语文化的经验，提高构思的效率，更容易提取恰当的信息，使得文章内容更加充实丰富，提高作文的质量（Friedlander 1996）。如果遇到的话题不熟悉，则增加了理解和构思的难度，降低构思效率，影响写作速度和写作质量。另外，文化因素也影响语篇结构、语言风格和写作过程。比如，外语学习者不同的文化背景和教育背景必然导致写作风格的多样和写作过程的差异（Raimes 1985）。

除了内部因素影响二语写作过程，环境因素和任务类型等外部因素也影响二语写作过程。

写作环境影响二语写作过程。王立非（2002）对比了课后和课内作文两种写作过程，发现不同的写作环境对于写作过程和写作效率具有显著的不同影响。比如，写作环境影响评估过程和评估效率。课堂写作时能得到写作知识的指导，有利于提高学生的写作知识，有益于提高评估效率。写作环境影响写作构思和转换过程。比如，课后长作文写作对提高英语写作的用词、语言正确性以及写作规范有显著影响，课外作文长度明显超过课内作文长度，课外作文的语言复杂度和词汇多样性方面显著超过课堂作文，课外作文个人主题重心比课堂作文突出。

写作任务影响二语写作过程。张新玲和周燕（2016）研究不同写作任务类型对中国英语学习者的影响，发现不同任务类型对于不同水平的外语学习者的写作过程产生不同影响。比如，利用写作任务的材料增加可理解性输入，有利于提高构思过程的效率。读听写任务的双模态输入有利于高水平受试产出内容丰富、结构优化的文章；综合性写作有利于低水平受试组织内容、构思结构。邵继荣（2003）调查了不同的任务类型（个人资料写作、图画描述写作和观点陈述写作）和任务条件（有时间限制和无时间限制）对非英语专业大学生英语写作的影响，发现任务类型、任务条件影响构思、评估、转换和输出的效率，影响输出文本的语言准确度、复杂度和流利度。

此外，学习者个人因素也影响二语写作过程。写作过程研究多强调写作者个人的认知、监控和写作成文的过程，对于其他个人因素，比如，情感、焦虑，动机和兴趣对写作过程的影响没有给予足够的重视。而事实上个人的情感因素、性格、态度和动机等对写作过程和写作能力的发挥具有一定的介入影响。Hayes所提出的写作过程认知模型都不同程度地强调写作者个人因素和情感因素在写作过程中的地位和作用（陈雪群2018）。根据Krashen的二语习得监控模式理论，在二语学习中调节情感过滤的功能，具有抑制或促进二语学习的作用。作为语言输出的一种，写作输出也必然受到写作者的情感过滤功能的影响。通过调节学习者的情感因素，调动他们的学习动机，则会影响其写作过程和写作效率。因此，写作过程研究不能只局限于语言水平、写作技巧和认知活动，如果研究目标转向学习者个人因素和情感因素，探究个人因素和情感因素对于外语写作过程的影响，则研究更具有教学意义和实践价值。因此，学习者个人因素和情感因素应该纳入二语写作过程研究。

3. 学习者因素和外语写作过程研究框架

“写作是一项复杂的认知、情感工作。写作者要界定文本的性质、目标和交流的功能，要准确表征读者个性特征和期望。此外，有时还要阐明一些信息、重新组织、改变并表述一些观点，同时监控全文的一致性，文章内容的概括、界定和修改是写作的一个重要阶段，同时，还要在大脑中将观点转换成文字，这些都贯穿于整个写作程序中。”[①]

既然写作是一个“复杂的认知、情感工作”，具有“认知和情感的双重属性”（陈颖等2016），那么，写作过程既受到写作者的认知活动的影响，也受到写作者的情感因素的影响，比如压力、焦虑和倦怠会抑制写作的效率和质量。如果写作教学能激发学习者的学习写作的动机，必然能提高学习者的写作效率，从而提高输出量，增加语言实践的机会，提高写作能力。那么，个人因素和情感因素怎样影响写作过程和写作效率呢？因此，我们的研究不能局限于写作者的认知活动，也可以扩大到写作者个人的情感、态度和动机的研究，讨论这些个人因素如何介入影响写作过程。

另外，教学对象是有思想和情感的个体，他们的个人情感因素不仅影响教师的教学行为，也影响学习者的同学。学习者的个人情感影响课堂教学的组织和设计，也影响教学材料的选择和编写、课堂组织形式，影响教学的因材施教和因情施教。目前，外语教育领域努力通过教学改革和教育技术的改善提高教学效率，但是也仍然避免不了一些问题，比如，学习者缺乏学习兴趣导致教学效果不尽如人意。因此，考察情感、动机、焦虑水平和性别因素等如何影响写作过程具有重要的教学意义。基于学习者因素的外语写作过程研究有利于我们深入认识外语写作教与学的过程，有助于解决外语写作教学中的实际问题。在外语写作研究中应当引入学习者的个人因素。

Hayes的写作模式为我们在外语写作教学研究中引入个人因素提供了理论依据。宏观的外语写作过程与母语写作相似，比如写作过程包括写作环境、个人因素和写作过程三个方面。局部的写作过程存在一定差异，比如，在内容构思、文字转换和记录输出文本等环节，母语写作只使用母语一种语言；而外语写作中，内容构思环节存在母语和外语共用的双语现象，在文字转换和记录输出文本的环节有翻译母语的过程。因此外语写作的认知过程更加复杂；具体的认知策略、监控策略和修改策略，以及回避

① 朱晓斌：《写作教学心理学》，杭州：浙江大学出版社，2007：22页。

策略关注的层面与母语写作有所不同。另外，写作者对于外语写作的态度和写作观念也影响写作者个人的写作体验和写作兴趣，从而影响整个写作过程。因此，从宏观写作过程来看，写作者的个人因素对于研究外语写作和外语写作教学是一个非常重要的因素。外语写作动机、写作元认知和写作策略等属于写作者个人因素的范畴，可能会介入影响外语写作过程。基于上述分析，我们把写作动机和写作策略等个人因素纳入外语写作过程研究的框架。

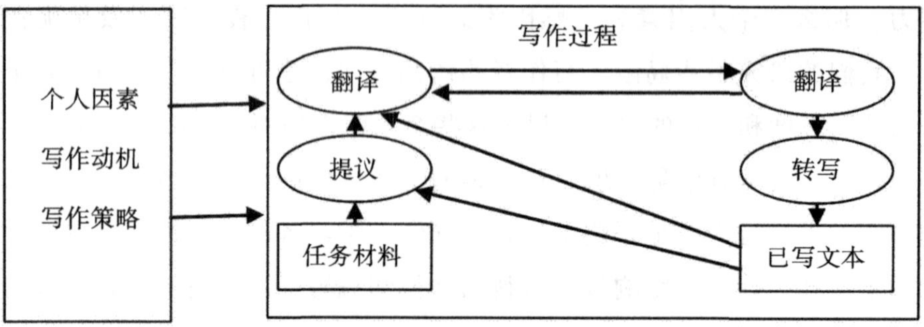

图1-6　个人因素影响写作过程流程图

如图1-6所示，个人因素对于写作过程具有介入影响的作用。个人因素包括两个部分，即写作动机和写作策略。研究写作过程中的个人因素的影响，其实就是研究动机和策略两个因素怎样影响写作过程。

首先，写作动机与写作者的写作观念、写作目的、写作兴趣和写作态度有关系。这些因素决定了写作者的写作动力和努力程度。比如，写作者相信自己的写作能力胜任写作任务，并且认为完成写作任务对他很重要，写作者就会提高努力程度，想方设法完成写作任务；相反，则拖拉敷衍，影响写作效果。其次，写作策略贯穿整个写作过程。在不同的写作阶段，通过写作策略或者写作技巧，写作者提高写作效率，优化写作过程。比如，构思策略促进主题理解和写作目标设定，提取有关信息，生成要表达的思想内容。监控策略负责监控、管理和协调注意资源分配，均衡注意在写作过程中的分配，提高写作效率。总之，动机影响写作者在写作过程中的努力程度，能更好提高写作者的主观能动性；写作策略促进写作者在写作过程的每个环节都发挥写作者的最大潜力，实现写作过程的最大效益。

要研究动机如何影响写作过程，首先要探究写作动机的结构和内涵，这样才能够全面认识写作动机，有利于通过教学活动调节和改善学生的学习动机。要研究写作动机影响写作过程的效果，影响写作动机的发挥效应的其他因素，比如环境因素也要考虑。写作过程中不单单写作动机在发挥介入影响的作用，其他因素也发挥作用，因此，也要考虑这些因素的影响，比如，焦虑、信念等。缺乏写作动机和写作自信心是我国大学生在外语写作方面所面临的主要问题（李航 2013）。另外，因为动机具有动态性和可变性，所以探究写作动机变化规律和影响因素有利于解决外语写作教学中的问题，提高学生的动机，提高外语写作教学效果。

要提高学生的写作动机，教师要改进教学方法，通过有效的教学策略，培训学生掌握正确的写作策略和学习信念，转变学生对于外语写作的态度，达到调节学生写作动机的目的，从而提高写作教学效果。因此，对学生进行写作策略的培训非常重要。要全面认识写作策略的重要性以及写作策略对写作过程的影响。首先要认识写作策略，即写作策略的定义、内涵和分类。在此基础上探究写作策略与写作过程的关系以及写作策略和个人情感因素的关系。然后，了解写作策略如何管理和协调不同写作阶段和写作认知活动，均衡写作过程中有意注意的分配，从而优化写作过程提高写作质量。

因此，我们可以发现写作动机和写作策略的关系。其一，通过策略培训，提高监控策略水平，有益于学生对写作过程的监控和管理，能够提高写作效率。其二，针对写作动机水平较低的情况，利用写作策略提高写作效率，其实就是提高写作体验和写作效能感，在一定程度上提高写作动机。其三，写作动机是学习者基于对写作过程的总体认识而形成的进行写作和维持写作积极性的动力，与写作策略的监控策略和元认知策略具有密切联系。写作者监控写作过程，发现自己的困难，可以自己通过策略调整，改变自己的写作过程和写作体验，提高写作效率和写作效能感，从而树立写作信心，提高写作动机水平。其四，写作动机水平决定写作努力程度。高水平的写作动机激发学习者积极地构思和设定写作目标，如果遇到问题，会积极采取措施，利用有效的写作策略解决遇到的困难。因此，策略和动机具有相辅相成的作用。在写作过程中，写作动机是写作过程的起点和动力，而写作策略调节写作认知过程，是提高写作效率和语言输出的技巧。写作策略调节和修正写作过程和写作动机，使得写作者始终保持良好的认知和积极的情感，优化写作过程，提高写作效率。而写作动机直接影响写作策略的使用，并能很大程度上影响写作效率。

五、结　语

外语写作是重要的课程，学习外语写作有利于培养学生应用外语的能力和思辨能力。外语写作实践是提高外语学习效率的重要途径。为了提高外语写作教学效果，应该开展外语写作过程研究，除了认知过程，学习者个人因素也是影响外语写作教学效果的重要因素，因此研究外语写作过程中学习者个人因素的影响对于外语写作教学具有现实意义。学习者个人因素包括语言水平、性别、年龄等，而情感、态度、动机对写作过程具有显著的介入影响，Hayes的写作过程研究模式为我们提供了重要的理论依据和研究框架。因此，我们可以把情感/动机因素引入外语写作过程研究。

通过研究写作过程中写作动机和写作策略的影响，可以认识如何通过写作教学和改进写作教学方法去调节学生情感因素，提高学生的学习动机，激发学生的学习投入。通过研究写作策略与写作过程的关系，可以发现如何开展写作策略培训，提高学习者的策略水平和策略能力，达到优化写作过程的目的，提高写作效率和写作质量。因此，开展写作过程中的个人因素的研究对于提高外语写作教学的效果具有积极意义。另外，研究写作过程中的个人因素，对于改进写作教学，促进对教师、教学模式、学习者因素在写作教学中的地位和作用的认识具有积极意义。

第二章　中国大学生英语写作动机结构研究

一、引　言

缺乏写作动机和写作自信心是我国大学生英语写作教学中的普遍问题。教师如果能把握好外语写作的“认知和情感的双重属性”（陈颖等 2016），激发学生写作动机，则有利于提高写作教学效果。研究表明，写作教学改革基本上都是通过调节学生情感因素，激发学生学习动机以提高教学效果。但是“动机能提高写作教学”的说法过于笼统不易操作。如果了解写作动机影响写作水平的程度，不同动机产生怎样不同的效应，那么动机研究则有益于改进写作教学，促进对教师、教学模式、学习者因素在写作教学中的地位和作用的认识。

二、文献综述

（一）写作动机的本质和结构

动机是一个心理学概念，是一种内在的动力或感情作用。动机促使人们有意识地做出决定和行动，并在一段时间内维持持续的脑力和体力付出以达到一个或几个既定目标（Williams & Burden 2000；王初明 2003）。20世纪50年代Gardner把动机引入二语教学领域，并把学习动机结构区分为目的、努力程度、达到目的的愿望及学习态度。Gardner把学习外语的原因分为融合性原因和工具型原因。受其影响，人们习惯上把两种动机原因作为两种动机归类，于是形成融合性和工具型动机之分。后来研究者从心理学角度探讨“原因”和“学习结果”之间的联系，把动机分成内在动机和外在动机。

从20世纪90年代开始，动机研究围绕动机的动态性和认知特点展开。Dörnyei（1994）提出了外语学习动机的三层次模式，从语言层面、学习层面和学习情境层面来界定和测量外语学习动机，指出了构成外语学习动机的层次、成分和要素。动机内部结构研究引起研究者的重视。在我国，秦晓晴（2007）的研究具有代表性，从个人需要、动机前提、情感中介/认知中介、动机行为和学习结果五个方面讨论了动机构成。随着外语学习和二语学习的环境差异引起研究者的注意，动机研究有了新发展。如Yashima（2002）提出外语学习者的“国际姿态”这一概念，认为学习者的国际姿态影响英语学习结果。Dörnyei（2005）提出二语动机自我系统概念，认为学习者对理想二语自我的认同会增强二语学习动力。近来外语分项技能学习动机开始进入研究视野（惠良虹等2012），外语写作动机是外语学习分项技能动机之一。

外语写作动机是外语学习者在外语写作学习过程中所表现出的个人对于写作活动的认识，以及对外语写作的态度、信念、目的和努力程度，是影响外语写作学习的个人情感因素。谭晓春（2009）从作用动机、动力动机、兴趣动机、练习的目的、交流动机、逃避写作和出国动机七个维度探讨了写作动机对写作成绩的影响。惠良虹等（2012）从自我效能、写作兴趣、表现目标、写作效价、写作目的、掌握目标和努力程度七个维度讨论了写作动机调整策略和动机变化的关系。赵江葵（2011）从掌握目标自勉、表现目标自勉、自我后果和环境建构四个维度讨论写作动机调整策略的内在结构，探究动机调整策略和写作成绩之间的关系。李航（2013）通过分析写作焦虑和写作效能感之间的关系，讨论写作动机和写作成绩的关系。根据Gardner学习动机理论和Dörnyei的动机层次观，以及我国学者的研究（秦晓晴2007；李航等2013），写作动机涉及学习者需求、情感、写作目的、写作体验、写作兴趣、动机强度、写作效能感等内容。

（二）写作动机和写作水平的关系

写作动机和外语写作水平之间存在复杂的关系。谭晓春（2010）认为写作动机直接影响写作策略的使用，并能解释42.6%的成绩变化。写作动机也间接影响写作水平。赵江葵（2011）通过调查发现英语写作动机的三个变量可以共同解释20%的英语写作成绩的变化。李航等（2013）发现写作效能感可以解释20.6%的外语写作成绩变异。惠良虹等（2012）发现不同动机的效果不同，比如仅有表现目标动机的学习者不一定能维持较高的动机水平，而兴趣动机则可能促进学生积极调整动机和维持积极的学习投入。

（三）研究问题

本章节旨在通过探究动机内在结构及其组成成分之间的关系，讨论动机与写作成绩的关系。因此提出如下问题：①我国大学生的英语写作动机的内在结构是什么？他们的英语写作动机有什么特征？②我国大学生英语写作动机和写作水平之间存在什么关系？③我国大学生英语写作动机内在结构之间存在怎样的关系？

三、研究方法

（一）调查对象

本研究采用方便随机方法抽取调查对象，通过QQ群和微信群转发问卷链接，调查对象为任何接触并参与网络调查的在读大学生，他们通过网站答题并提交问卷。根据文秋芳（2004：95），调查对象的选择通常采用随机抽样法，即简单随机抽样法、系统随机抽样法、分层随机抽样法和方便抽样法。方便抽样法采用“能找到谁就用谁”的策略。尽管方便随机抽样法所得样本的代表性存在问题，但由于调查人员和调查对象没有接触，形成“双盲”的调查，调查者对调查对象没有影响，人为因素影响样本代表性的风险大大降低。

问卷通过“问卷星”网络调查平台于2017年5月22日发布，30日截止。填写问卷使用总时间136458秒，平均时间148.647秒。本次调查918人，来自13个省市，分布中东部和西部地区，具有一定代表性。男生279人（30.39%），女生639人（69.61%）。大一学生305人（33.22%），大二学生508人（55.34%），大三学生90人（9.80%），大四学生15人（1.63%）。学习专业英语学生264人（28.76%），学习公共英语学生654人（71.24%）。本科生850人（92.59%），专科生68人（7.41%），平均年龄20.08岁。

（二）研究工具

问卷包括两部分内容：个人信息部分和“大学生写作状况调查表”。调查表包括共25个题项。问卷编写分别参考谭晓春（2009）、惠良虹等（2012）和李航（2013）。所有问题均采用李克特5分计量表，即1=完全不赞同，2=不赞同，3=不好说，4=赞同，5=完全赞同。问卷的前20项问题曾在2017年1月初在210名学生中进行测试，信度系数a=.805。在准备实测时候增加了5项关于写作效能感的问题。

四、结果与讨论

（一）写作动机的内在结构和我国大学生英语写作动机的特征

表2-1　写作动机量表结构信度和因子抽取的相关数据

题　项	因素载荷				
	写作效能感	写作兴趣	写作价值	写作目的	写作体验
22. 我能在英语作文中准确使用动词时态	0.848				

续　表

	因素载荷				
题　项	写作效能感	写作兴趣	写作价值	写作目的	写作体验
23.我能写出流畅的英语句子	0.812				
21.我能在英语作文中准确使用单复数形式	0.808				
24.我能准确拼写英语作文中的全部单词	0.754				
25.我能在英语作文中运用恰当的衔接词提高段落和语篇的连贯性	0.729				
17.我进行英语写作是因为老师布置的题目很有趣		0.787			
18.英语老师布置的作文题有吸引力才能激发我的写作动力		0.757			
19.英语老师批改作文的评语能激发我的写作动力		0.695			
20.英语教师重视英语写作是激发我写作的动力		0.660			
15.我对英语写作很感兴趣		0.568			
16.我喜欢英语,想用英语写作表达我的思想		0.538			
13.好的英语写作能力能为我将来找工作提供帮助			0.828		
14.好的英语写作能力让我变得自信			0.803		
12.好的英语写作能力是英语水平高的一个重要标志			0.799		
11.好的英语写作能力是教育程度和修养的象征			0.738		
9.我练习英语写作的目的是为了考试得高分				0.824	
10.我练习英语写作的目的是为了通过四六级考试				0.808	
8.我用英语写作的目的是为了完成老师布置的作业				0.784	
6.除非有老师要求,否则我从不进行额外的英语写作练习				0.618	
4.用英语写作对我来说是件痛苦的事					0.874
5.我一用英语写作就感到疲劳和厌烦					0.840
3.我想到用英语写作文就感到紧张					0.837

利用SPSS13.0进行探索性因子分析和问卷内部结构一致性分析。因子分析结果为KMO=0.868，Bartlett's球形检验结果显著（X^2=10842.768，df=231.000，$p<0.001$），表明可以进行因子分析。剔除变量低于2个的因子，抽取5个因子，保留22个变量，方差贡献率为67.363%。问卷总体信度系数a=.827，五个因子信度系数在0.808到0.888之间，问卷内在信度较高。

表2-2　写作动机量表结构信度、因子抽取和因子命名

因　子	测量题项	Cronbacha系数
写作效能感	21,22,23,24,25	0.888
写作兴趣	15,16,17,18,19,20	0.839
写作价值	11,12,13,14	0.838
写作目的	6,8,9,10	0.808
写作体验	3,4,5	0.885

1. 写作动机因子命名

利用SPSS13.0进行探索性因子分析和问卷内部结构一致性分析。因子分析结果为KMO=0.868，Bartlett's球形检验结果显著（X^2=10842.768，df=231.000，$p<0.001$），表明可以进行因子分析。剔除变量低于2个的因子，抽取5个因子，保留22个变量（表2-2），方差贡献率为67.363%。问卷总体信度系数a=.827，五个因子信度系数在0.808到0.888之间，问卷内在信度较高。

第一个因子包含5个题项，描述学习者对于自己完成英语写作任务的信心，是个体对完成写作任务所具有的行为能力和自信程度，因此命名为写作效能感。第二个因子包含6个题项，描述外语写作行为是因为受外部因素鼓励还是受内在兴趣引导，体现了学习者写作兴趣的强弱，因此命名为写作兴趣。第三个因子包含4个题项，描述外语写作能够带来何种益处，体现了外语写作本身的价值，因此命名为写作价值。第四个因子包含4个题项，描述学习者的动机是出于某种实际利益还是出于对目的语社团的真正兴趣，因此命名为写作目的。第五个包括3个题项，描述学习者写作体验是积极体验还是消极体验，比如，面临写作任务，学习者感到焦虑还是轻松自如，因此命名为写作体验。

2. 大学生英语写作动机基本状况

表 2-3 大学生英语写作动机基本特征

变 量		N	极小值	极大值	均 值	均 差
写作动机	写作体验	918.000	1.000	5.000	3.211	0.754
	写作价值	918.000	1.000	5.000	3.949	0.773
	写作目的	918.000	1.000	5.000	2.541	0.905
	写作兴趣	918.000	1.000	5.000	3.044	0.970
	写作效能感	918.000	1.000	5.000	3.325	0.742

第一，我国大学生英语写作动机水平偏低，而且不同维度动机水平差异显著。第二，写作体验不积极，表明英语写作是难度较大的学习任务。第三，大学生普遍认识到英语写作的积极价值，有积极的学习英语写作的原因，但是，写作目的纯粹是为了通过考试，学习动力来自外部的压力。第四，写作目的得分偏低，表明学生外语写作缺乏明确的目标，学习缺乏计划性，被动学习的情况比较普遍。第五，外在激励水平一般，表明大学生外语写作行为不完全依赖外在鼓励，教师的教学行为对于学生写作兴趣影响不大，学生的写作行为也具有一定的内在的兴趣。第六，写作效能感水平相对较高，表明学生对于完成写作任务有一定的自信心。

（二）我国大学生英语写作水平和写作动机的关系

1. 大学生英语写作水平

为了解“一般外语写作情境”（李航等 2013）而不是考试环境下大学生英语写作水平，也为方便调查，我们设计了一个选择题“您的英语作文平时得分大概是_____分”，让学生根据实际情况“自我报告”（刘珍等 2012）自己作文水平。作文成绩分为五档（表 2-4），结果表明：我国大学生英语写作水平一般，写作高水平的学生较少。

表 2-4　我国大学生英语写作水平

选项	小计	比例
A.60 分以下	52	5.66%
B.60—69 分	204	22.22%
C.70—79 分	358	39.00%
D.80—89 分	274	29.85%
E.90 分以上	30	3.27%
合计	918	

2. 写作水平①和写作动机的关系

表 2-5　写作成绩和动机各维度得分关系（N=918）

	作文成绩与写作体验	作文成绩与写作价值	作文成绩与写作目的	作文成绩与写作兴趣	作文成绩与写作效能感
相关系数	0.267	0.138	0.234	0.342	0.431
P 值	0.000	0.000	0.000	0.000	0.000

写作价值、写作目的和写作体验与写作水平弱相关。写作兴趣和写作效能感与写作水平中度相关。

（三）模型分析：写作动机的内在结构

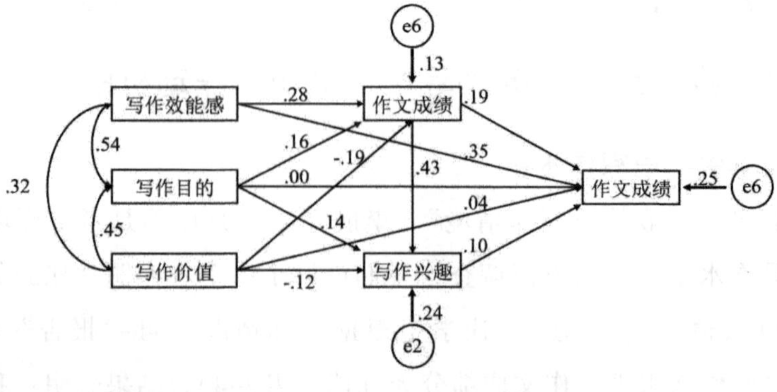

图 2-1　写作动机和写作成绩关系的概念模型

① 本书以写作成绩作为衡量学生写作水平的主要标准，全书同。

表2-6 模型拟合效果评价指数

CMIN/DF	NFI	RFI	IFI	TLI	CFI	RMSEA
2.370	0.998	0.970	0.999	0.982	0.999	0.039

为了进一步探究不同动机维度对写作水平的影响以及不同动机维度之间的关系，我们利用AMOS17.0建立了英语写作动机和写作成绩关系的概念模型。

1.写作动机各维度对写作成绩的影响

第一，写作兴趣对写作成绩的直接影响为0.19。写作兴趣和写作目的之间的路径系数达到0.43，写作兴趣通过写作目的对写作成绩的间接影响系数有0.04，总的影响系数达到0.47。写作兴趣显著影响写作水平，因为有趣的写作活动让学习者更加喜欢写作，学习者更加为了表达自己而写作。

第二，写作效能感对写作成绩的直接影响为0.35。写作效能感和写作兴趣之间的路径系数为0.28，写作效能感通过写作兴趣对写作成绩的间接影响系数为0.05，总影响系数达到0.40。写作效能感显著影响写作水平。强烈的自信心表明学习者有较高的语言水平，能够完成外语写作任务。同时，自信心激发学习动力，促使学习者在写作学习方面投入更多时间和精力。另外，高效能感的学习者感受到更加积极的写作体验，写作过程更加顺利高效。

第三，写作体验对写作成绩的直接影响非常小，通过写作目的影响写作成绩的间接影响也非常小，因此写作体验对于写作成绩影响不显著。在外语写作过程中积极的写作体验和消极的写作体验主要发生在语言层面，即写作体验所引发的有意注意集中在语言生成。因此，写作体验对写作水平影响较小。

第四，写作价值对写作成绩的直接影响和间接影响都非常小。积极的学习信念不意味着积极的学习投入，消极的学习信念也不意味着学习投入少。外部环境和个人需求影响学生努力程度。比如严格的教学管理促使学生学习更加努力，松懈的管理导致学生放松对自己的要求。遇到挫折时能坚持学习则和个人需求强度和兴趣有关，也受到自主学习能力、自我调整能力和教学环境的影响。学习方法影响学习效果。学习者喜爱目的语文化可能注重文化方面的接触，比如看英语戏剧、阅读原著或听歌曲，但是学习目标不一定集中在写作，在写作方面投入时间可能比应试学习者少，因此，短时间内写作价值对外语写作水平没有显著影响。

第五，写作目的对写作成绩的直接影响为0.10。无论为了考试还是因为喜欢外国文化而学习英语写作，学习者在写作方面的差异并不显著。也许工具型学习者具有更明确更直接的写作目的，比如，他想尽快通过考试，或者得到证书，所以学习投入更多。因此写作水平受到积极影响。

2.动机维度之间的关系

第一，写作效能感、写作体验和写作价值之间显著相关表明三者之间可能相互影响。提高三者之间任何一个维度都影响其他两个方面，从而对写作动机产生积极影响。第二，写作效能感对写作兴趣有一定的影响。若提高学生的元认知策略和写作策略，提高学生的写作效率和效能感，就会提高他们的写作兴趣。第三，写作体验对写作兴趣和写作目的均有积极影响。写作体验对写作成绩的直接影响很小，但是，通过写作兴趣和写作目的发挥间接影响。第四，写作价值对写作兴趣和写作目的缺乏积极影响，强调外语写作的思想价值不一定提高外语写作学习效率。为什么积极的写作价值观念不能促进写作兴趣和写作目的？可能因为学生的写作价值观和写作兴趣、写作目的不同，即信念和行为相矛盾。由于外部环境可能会导致急功近利的思想，学生注重短期效益，追求考试目的，忽视对知识内涵的汲取。

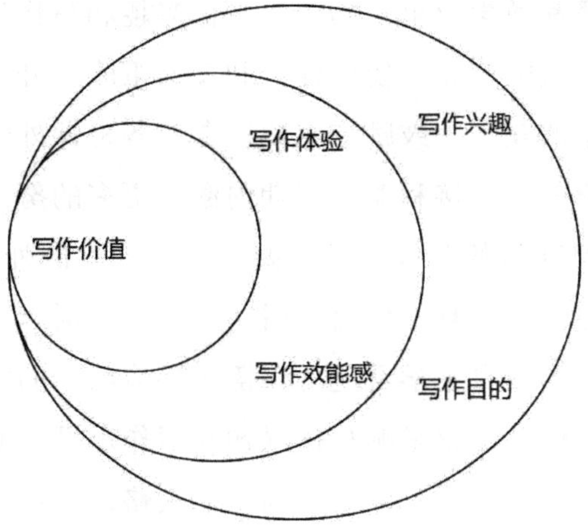

图2–2　写作动机的分层结构

3. 动机的层次

各动机维度和写作水平之间的关系表明，写作兴趣和写作目的直接影响写作效果，属表层动机，易受外界刺激的变化而变化。写作效能感、写作体验、写作价值属于内在动机。另外，写作价值和写作兴趣、写作目的之间的关系表明，尽管同属内在动机，写作价值不同于写作体验和写作效能感。写作价值对写作水平影响很小，对写作目的和写作兴趣影响也不显著。写作价值对写作水平、写作目的和写作兴趣产生影响要经历较漫长的过程，因此，属于深层动机。深层动机不易受物质的刺激而变化，但是其影响努力的持久性。另外，随着表层动机的改变，长此以往深层动机也会发生改变。因此，施加给表层动机的影响会逐渐传递给深层动机。表层动机容易改造，但是也容易丧失。当缺乏足够的外界刺激，或者动机强度不足以支持高难度学习的时候，表层动机可能会降低，学习积极性衰退，甚至陷入恶性循环状态（文秋芳 2003：112；高强等 2014）。

（四）写作动机研究对写作教学的启示

第一，写作体验影响写作兴趣，写作兴趣强化写作体验。教师要充分利用现代教育技术手段让课堂教学和写作任务符合学生的喜好和特点，提高学生的学习兴趣和教学效果。第二，写作兴趣和写作目的对写作教学的影响直接而有效。教师要充分使用评价和反馈策略，开展学习竞赛和同辈评价以增加教学中的互动，鼓励学生积极参与各种课外学习活动，激发学生的写作目的。第三，直接利益会短期内激发更多的努力，然而内在信念才是维持长久学习动力的关键。教学要有利于正确的外语价值观的培养，让学生认识到学习外语的真正价值，树立正确的外语学习态度，学生就会培养积极的学习态度和自主学习能力，摆脱环境因素的影响，学习动机更加持久。第四，写作效能感影响写作兴趣和写作水平。而写作效能感来自积极的写作体验和写作效率，因此培训写作策略，提高写作效率是提高写作学习动机的关键。第五，师生之间要多交流。教师要了解学生的学习观念和学习需求，使自己的教学和学生需求保持一致。同时，通过师生交流，学生会更加了解学习外语的积极意义，提高学生对外语学习的价值的认识。

五、结　论

本研究通过调查中国大学生写作动机讨论英语写作动机和写作成绩之间的关系，以及写作动机系统内部各维度之间的关系。通过因子分析得出五种写作动机，即写作效能感、写作价值、写作体验、写作兴趣和写作目的。通过相关分析和路径分析发现写作动机对外语写作水平具有显著预测作用。不同维度的写作动机又可分为表层动机、内层动机和深层动机。作为深层动机的写作价值和作为内层动机的写作体验对于写作成绩的弱预测力表明工具型外语学习动机十分普遍，融合型学习动机非常缺乏，这是学习者缺乏学习持续性和外语写作教学难以提高的原因。由于表层动机易变，通过改变教学模式可以短期内提高学习者的学习兴趣。本研究从提高写作动机的角度为写作教学改革提供了理论支持。

第三章　写作动机对大学生英语写作努力的影响：动机的多维结构视角

一、引　言

学习动机通过努力程度间接影响学习者的外语学习成绩（马广惠 2005），同样写作动机也能激发外语学习者的外语写作学习动力并为他们的外语写作行为提供持续动力（徐智鑫 2014；Dörnyei 1994），并同时通过他们的努力间接影响外语写作水平。写作动机也同样具有动态性。由于外部因素和个人因素的影响，外语写作动机会呈现衰退（demotivation）现象。反之，通过动机调节策略学习者写作动机得以恢复（resilience）和提高，能促进学习者的写作努力程度（Teng & Zhang 2016；Kim et al 2017）。因此，探究写作动机和学习者写作努力程度之间的关系具有重要意义。

二、研究背景

动机是一个心理学概念，是一种内在的动力或感情作用。动机促使人们有意识地做出决定和行动，并在一段时间内维持持续的脑力和体力付出以达到一个或几个既定目标（Williams & Burden 2000；王初明 2003）。20 世纪 50 年代 Gardner 把动机引入二语教学领域，并把学习动机结构区分为目的、努力程度、达到目的的愿望及学习态度。学习动机不是一成不变的心理结构，而会随着学习环境的变化发生“波动”（王晓璐等 2017），形成

"动机流"。当学习者形成"定向动机流"时，他就会进入一种最佳的学习投入状态。由于外界因素和个人因素的影响，学习者动机可能会出现衰退（周慈波等 2012；孙云梅等 2013；高强等 2014），而通过动机调整策略的干预则有助于提高学习者的学习动机和学习效果（惠良虹等 2012；赵江葵 2011）。

动机研究多关注不同类型动机的效应，对于动机内部结构及其构成成分或维度之间关系的研究较少（秦晓晴 2007：35）。关于动机对学习努力程度的影响，研究者多关注不同类型动机的影响效果。比如，马广惠（2005）发现工具型动机对努力程度影响最大，而且工具型动机越强努力程度越高；出国动机和语言偏爱动机也影响努力程度；成绩动机对努力程度产生负影响。吕中舌等（2013）发现不同类型动机影响学习者学习投入程度，比如内在兴趣比较高的学习者可能学习投入更多。根据秦晓晴（2007：45），不同动机成分对学习行为产生不同影响，而且各动机成分间也相互影响，使得动机对学习行为的影响更为复杂。因此，从动机结构视角出发，探究不同动机维度对外语学习者写作努力的效应，以及不同动机维度之间怎样相互作用共同影响努力程度十分必要。鉴于此，本章节提出如下问题：①在外语写作学习中，学习者写作动机和写作努力达到什么水平，他们在写作动机和写作努力方面存在什么问题？②不同的写作动机类型对于写作努力具有怎样的影响？

三、研究设计

（一）研究对象

调查对象来自安徽省某理工科院校大一和大二的学生，共 567 人。男生 438 人（77.25%），女生 129 人（22.75%）。大一学生 321 人（56.61%），大二学生 246 人（43.39%）。由于有些问卷信息不全而被删除，最后得到有效问卷 483 份，有效率为 85.19%。最后实际调查的研究对象共 483 人。

男生372人（77.02%），女生111人（23%）。大一学生254人（52.59%），大二学生229人（47.41%）。他们分别来自安全、交通、电子、电气和材料等专业。

（二）研究工具

本调查使用的问卷包括两部分内容：个人信息部分和“大学生写作状况调查表”。调查表包括两部分33个题项。写作动机部分有25题，在编写中参考谭晓春（2009）、惠良虹等（2012）和李航（2013）。努力程度部分有8题，在编写中参考秦晓晴（2007：41）。秦晓晴用学习的主动性、持续性和课外学习时间解释学习努力程度并探究不同类型的动机对于努力程度的影响。因为我们研究的是写作课堂和写作过程中学习者写作努力程度，所以，我们决定从主动性、持续性两方面调查写作努力程度。问卷所有问题均采用李克特5分计量表，即1=完全不赞同，2=不赞同，3=不好说，4=赞同，5=完全赞同。问卷的前25项问题曾在2017年5月初测试过，信度系数a=.827。在实测时增加了8项关于努力程度的问题。

（三）数据收集处理

数据来自笔者2017年12月底通过“问卷星”网络调查平台做的问卷调查。在本研究中笔者根据这次调查所得数据进行分析和研究外语写作动机对于外语写作努力程度的影响。首先对调查所得数据使用SPSS13.0进行探索性因子分析和问卷效度信度检验；其次，通过相关分析检验动机和努力程度之间的关系；最后，使用AMOS17.0建构方程模型，检验不同动机维度对写作努力程度的影响。

四、结果与讨论

（一）写作动机和努力程度因子抽取、因子命名和两变量内在结构

表3-1　两量表结构信度和因子抽取相关的数据

量　表	累计方差贡献率	提取因子	KMO	X^2值	df	p值	Alpha值
写作动机	67.7%	5	0.868	6221.254	231.000	.000	.885
努力程度	59.012%	2	0.774	1107.685	28.000	.000	.754

利用SPSS13.0分别对写作动机部分和努力程度部分进行探索性因子分析和问卷内部结构一致性分析，分析结果（表3-1）表明调查结果可以进行因子分析。

表3-2　写作动机和努力程度的各因子Alpha值

变　量	因　子	Alpha值
写作动机	写作效能感(5项)	0.911
	写作兴趣(6项)	0.820
	写作价值(4项)	0.837
	写作目的(4项)	0.842
	写作体验(3项)	0.891
努力程度	主动性(6项)	0.800
	持续性(2项)	0.548

根据分析结果，写作动机部分提取5个因子（表3-2，剔除变量低于2个的因子），保留22个变量，五个因子信度系数在0.820到0.911之间，问卷内在信度较高。第一个因子（5项，因子载荷0.790 – 0.844）描述学习者对于自己完成英语写作任务的信心，是个体对完成写作任务所具有的行为

能力和自信程度，因此命名为写作效能感。第二个因子（6项，因子载荷0.485－0.795）描述外语写作行为是因为受外部因素鼓励还是受内在兴趣引导，体现了学习者写作兴趣的强弱，因此命名为写作兴趣。第三个因子（4项，因子载荷0.747－0.826）描述外语写作能够带来何种益处，体现了外语写作本身的价值，因此命名为写作价值。第四个因子（4项，因子载荷0.643－0.857）描述学习者的动机是出于某种实际利益还是出于对目的语社团的真正兴趣，因此命名为写作目的。第五个因子（3项，因子载荷0.827－0.839）描述学习者写作体验是积极的还是消极的，因此命名为写作体验。

根据秦晓晴（2007），努力程度包括主动性和持续性两个维度，做因子分析时为了保留这两个维度，抽取2个因子（没有剔除变量数为2的因子），保留8个变量，两个因子信度系数为0.548和0.800，问卷内在信度较高。第一个因子（6项，因子载荷0.584－0.792）描述学习者为了完成英语写作任务积极修改和主动求教的行为，体现了学习者为完成写作任务所表现出的主动性，因此命名为主动性。第二个因子（2项，因子载荷为0.823和0.876）描述学习者为了完成外语写作任务而持续写作的行为，体现了写作行为的持续性，因此命名为持续性。

（二）大学生英语写作动机和写作努力的基本特征

调查结果表明（表3-3）：一是大学生英语写作动机水平一般，但是在写作价值维度得分较高，在写作目的维度得分较低。二是大学生写作努力水平一般，但是在持续性方面得分较高，在主动性方面得分一般。

写作价值和持续性得分高说明学生对外语写作学习抱有较高的期望值，希望学习并提高外语写作水平，有积极的写作学习动机，并愿意为写作学习付出一定的努力。写作价值得分很高也说明学生具有积极的外语学习信念。但是，写作目的和主动性得分较低表明学生缺乏明确的学习目标和学习主动性，自主学习能力较弱（严明2010）。因此，外语教学中存在一个矛盾，即学生有积极的学习信念却缺乏自主学习的能力。学习者有了正确的学习信念、态度和方法，他们还需要提高自主学习能力，这样他们才能取得积极的学习效果。所以，要培养学生自主学习能力。拥有了自主学习能力，学生在学习过程中才能产生强烈的内在动机和积极的情感体验，有利于提高学习成效（赵宏等2014）。积极的学习信念和学习动机是提高学习成效的前提，自主学习能力是把积极的学习信念和学习动机转化为积极的学习行为的关键。

（三）大学生英语写作动机和写作努力的关系

表3-3　各变量平均值（M）、标准差（SD）和变量之间相关系数（N=483）

		1	2	3	4	5	6	7
1	写作效能感	1.000						
2	写作兴趣	0.459**	1.000					
3	写作目的	0.251**	0.204**	1.000				
4	写作价值	0.332**	0.457**	0.084	1.000			
5	写作体验	0.366**	0.164**	0.517**	0.096**	1.000		
6	主动性	0.639**	0.493**	0.280**	0.389**	0.310**	1.000	
7	持续性	0.090**	−0.068	0.217**	0.180**	0.354**	0.189**	1.000
8	平均值(M)	3.463	3.346	2.770	4.067	3.349	3.573	3.857
9	标准差(SD)	0.817	0.735	0.957	0.729	1.001	0.688	0.935

相关分析结果（表3-3）表明：第一，主动性和写作目的弱相关，和写作兴趣、写作体验和写作价值中度相关，和写作效能感高度相关。第二，持续性和写作体验中度相关，和写作效能感、写作目的和写作价值弱相关，和写作兴趣不相关。

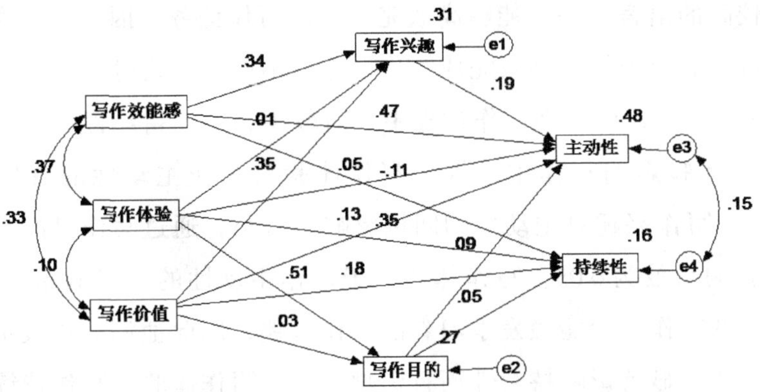

图3-1　写作动机和写作努力程度关系的概念模型

表3-4　各动机维度和努力程度的关系模型拟合效果评价指数

CMIN/DF	NFI	RFI	IFI	TLI	CFI	RMSEA
2.218	0.998	0.949	0.999	0.971	0.999	0.05

为了进一步探究不同动机维度对努力程度的影响，我们利用AMOS17.0建立了英语写作动机和写作努力程度关系的概念模型（图3-1）。根据表3-4的拟合指标，模型拟合度良好。

关于不同写作动机维度对写作努力的影响有如下发现：第一，写作兴趣对主动性的直接影响为0.19；写作兴趣对持续性没有显著影响。写作兴趣显著影响主动性，因为有趣的写作活动让学习者更加喜欢写作，写作学习更积极主动。但是，写作过程中的困难可能削弱了学习者坚持写作的毅力。另外，随着写作活动变得漫长和乏味，写作积极性会降低。因此，写作兴趣能预测写作主动性，不能预测写作持续性。第二，写作效能感对写作主动性影响最大。写作效能感对写作主动性的直接影响为0.47，通过写作兴趣的间接影响为0.06，对主动性总影响系数为0.53。写作效能感体现了学习者对于自己完成写作任务的自信程度，能够激发学习动力，促使学习者积极主动参与写作学习。写作效能感对写作持续性具有负影响，影响路径系数为-0.11，即写作效能感越高，写作持续性越弱。效能感高反映学习者有较高的语言水平，能够高效完成外语写作任务，因此，写作效能感高的学习者有能力轻松高效完成写作任务，不愿再多花时间排练（rehearsal）和修改文章，因此在写作过程中耗时较少，写作持续性相对降低。第三，写作体验影响写作主动性。写作体验对写作主动性的直接影响为0.05，通过写作兴趣对主动性的间接影响非常小，通过写作目的对写作主动性的影响系数为0.05，写作体验对于写作主动性的总影响系数为0.10。因为积极的写作体验能激发学习者的写作兴趣，因此他们能积极主动地写作。写作体验显著影响持续性而且影响最大。写作体验对写作持续性的直接影响为0.36，通过写作目的对写作持续性的间接影响系数为0.03，对写作持续性的总影响系数为0.39。因为积极的写作体验让学习者感到写作的乐趣，愿意投入更多时间完成写作任务。第四，写作价值影响写作主动性。写作价值对写作主动性的直接影响为0.13，通过写作兴趣的间接影响为0.07，因此写作价值对于写作主动性的总影响系数为0.20。写作价值影响写作持续性。写作价值对写作持续性的直接影响为0.18，通过写作目的的间接影响非常小，写作价值对写作持续性的总影响为0.18。写作价值对写作主动性和持续性都有显著影响，表明学习者的学习信念对其努力学习外语写作具有积极影响。因为写作价值是学习者内化的学习观念，具有一定的稳定性，不论学习环境发生怎样的变化，学习者的学习态度和努力程度都不会受太大影响，所以写作价值对学习者能产生长期的影响。第五，写作目的对于写作努力影响相对较小。写作目的对写作主动性的直接影响为0.05，对持续性的直接影响为0.09，这说明为了通过考试或获得证书等工具型学习动机对写作主动性和持续性影响较弱，一旦外在要求得到满足，写作努力就可能消失。因此，在写作目的驱动下，学习者会在短时间内积极主动地学习写作，但是很难保持长期的写作努力。

上述分析表明：第一，写作效能感对写作努力影响很大。然而学生的自主学习能力较低。自主学习能力低表明学习者缺乏主动性、计划性和自我决定能力，而提高学生自主学习能力则有利于提高学习效能感和学习主动性。因此要培养学习者自主学习能力。第二，写作体验对持续性影响最大。但是在写作学习中学习者的消极体验较多，在教学中创建轻松愉快的写作活动对于提高学生的努力程度具有积极影响。第三，写作价值对主动性和持续性的积极影响表明学习信念影响学习者的写作努力。也许写作价值在短期内对写作努力影响较小，但是，写作价值会对学习者写作努力形成长期影响。因此，学习者树立积极的外语学习信念十分必要。总之，相对来说，写作效能感和写作体验对写作努力的影响更直接高效。写作兴趣和写作目的在短期内对写作努力产生影响而且影响效果相对较小。写作价值影响努力效果较小但是持续影响较大。

（四）启　示

根据研究发现，我们在教学中要注意如下问题：第一，要开展写作策略培训，提高学生写作效率和自主学习能力，这样有利于提高学生的学习效率和自信心，提高学习效能感，激发更高的学习动机和学习投入。教学设计要有利于提高学生策略水平和引导学生学会自我管理和自我评价。第二，教师要提高写作教学的趣味性，利用现代教育技术增强写作教学的积极体验，创造积极的学习环境，让写作教学和写作活动吸引学生的参与，改变学生对于外语写作的看法，形成对写作课的积极认识。第三，要了解学生的需求，让学生认识到自己迫切需要实现的目标，帮助学生树立正确的外语写作学习观念，强化他们对于外语写作价值的正确认识。这样学生才能树立明确的长期学习目标，始终保持积极的学习动机。

五、结　论

本研究通过调查理工科大学生英语写作动机和写作学习努力程度之间的关系探究写作动机对大学生外语写作学习的影响。研究发现：写作动机对于写作努力具有显著的积极影响，而不同的动机维度对于写作努力的影响效应不同。写作效能感对学习者主动性有积极影响，而且对写作努力影响直接高效；写作体验对持续性具有显著积极影响；写作兴趣对主动性有积极影响，有助于提高学习者对写作课的积极认识；写作价值对主动性和持续性均有显著积极影响，而且对写作努力有长期影响。研究结果表明，培养并提高学习者的自主学习能力，提高学习者外语学习观念具有重要意义；外语教师在写作教学中设计积极有趣的教学活动有利于提高学生的学习积极性。本研究调查范围较小，没有考虑性别、学习经历等个人因素对学习者写作动机和写作努力的介入效应，这是我们在以后的研究设计中要改进的问题。

第四章　写作动机对大学生英语写作水平的影响：个人和环境因素的介入效应

一、引　言

外语学习动机是影响外语学习成败的重要非智力因素（徐智鑫 2014；高强等 2014；詹先君 2016；朱莉华、陈亚斐 2007）。外语（二语）动机理论研究从 20 世纪 50 年代迄今已经有 60 多年的历史（常海潮 2016）。近年来学习动机研究不断深入和拓展，研究主题从动机类型、动机结构、外语学习者的学习动机、外语学习者的自我认同，发展到更具体的外语分项技能学习动机。外语写作动机是分项技能学习动机之一。目前外语写作动机研究不多，相关研究多采用如下研究范式：通过不同动机维度对写作水平的影响，分析写作动机的积极效应（谭晓春 2009）；从动机调整角度讨论写作动机的积极意义（赵江葵 2011；惠良虹等 2012）；从写作效能感对写作焦虑的中介作用探讨写作动机对写作水平的影响（李航等 2013）。研究表明，动机能提高写作教学效果，但是写作动机如何在写作过程中运作并影响写作水平则需要进一步探讨。

二、文献综述

（一）影响学习动机的因素

动机是一种内在的动力或感情作用，它促使人们有意识地做出决定和行动，并在一段时间内维持持续的脑力和体力付出以达到一个或几个既定目标（Williams & Burden 2000；王初明 2003）。20世纪50年代Gardner把动机引入二语教学领域，并把学习动机结构区分为目的、努力程度、达到目的的愿望及学习态度。Gardner把学习外语的原因分为融合性原因和工具型原因。受其影响，人们习惯上把两种动机原因当作两种动机归类，形成融合性和工具型动机之分。后来研究者从心理角度探讨“原因”和“学习结果”之间的联系，把动机分成内在动机和外在动机。从20世纪90年代开始，动机研究围绕动机的动态性和认知特点展开，Dörnyei提出了外语学习动机的三层次模式（Dörnyei 1994）。近年来动机在具体学习环境中的“波动”现象引发研究者从动态的角度来解释动机变化（王晓璐、杨连瑞、闫海娟 2017）。

在研究动机衰退时，研究者发现环境因素的影响不容忽视，动机调节和动机衰退体现了具体环境对学习动机的影响（赵江葵 2011；周慈波、王文斌 2012）。个人因素也影响学习动机的效果，相同动机对于不同学习者效果也不尽相同。詹先君（2016）在学习动机的二语自我系统理论框架下研究不同性别和自我认同对于学习行为的影响，发现学习动机对学习行为的影响具有性别差异。张小妮（2012）通过分析不同性别角色和个性特质对外语学习动机的影响发现性别差异影响学习动机。因此，个人因素、外部环境对外语学习动机产生一定的调节作用，影响学习动机对学习行为的效应。

（二）写作动机和外语写作水平的关系

外语写作动机是外语学习者在外语写作学习过程中所表现出的个人对于写作活动的认识，以及对外语写作的态度、信念、目的和努力程度，是影响外语写作学习的个人情感因素。写作动机和外语写作水平之间存在复杂的关系。谭晓春（2009）认为写作动机直接影响写作策略的使用，并能解释42.6%的成绩变化。写作动机也间接影响写作水平。赵江葵（2011）发现英语写作动机的三个变量可以共同解释20%的英语写作成绩的变化。李航等（2013）发现写作效能感可以解释20.6%的外语写作成绩变异。惠良虹等（2012）发现不同动机的效果不同，比如仅有表现目标动机的学习者不一定能维持较高的动机水平，而兴趣动机则可能促进学生积极调整动机和维持积极的学习投入。简言之，写作动机对于外语写作学习和写作教学具有显著影响。

（三）研究问题

前文分析表明，由于环境因素和个人因素介入，学习动机的效应受到影响。那么，写作动机是否同样受到环境因素和个人因素的介入影响？由于环境因素和个人因素的介入，写作动机在外语写作学习中是否产生不同的效果？基于这些思考，我们决定从性别、年级和专业三个方面探究写作动机在外语写作学习中的调节效应。因此提出如下问题：①我国大学生英语写作动机的内在结构是什么？他们的英语写作动机有什么特征？②我国大学生英语写作动机和写作水平之间存在什么关系？③个人因素和环境因素介入后，我国大学生英语写作动机对写作水平的影响有什么差异？

三、研究对象、研究工具和数据来源

研究对象和相关数据来自笔者2017年5月通过“问卷星”网络调查平台做的问卷调查。调查对象共918人，来自13个省市，分布中东部和西部地区，具有一定代表性。男生279人（30.39%），女生639人（69.61%）。大一学生305人（33.22%），大二学生508人（55.34%），大三学生90人（9.80%），大四学生15人（1.63%）。学习专业英语（以下简称“专外”）学生264人（28.76%），学习公共英语（以下简称“公外”）学生654人（71.24%）。本科生850人（92.59%），专科生68人（7.41%），平均年龄20.08岁。

调查使用的问卷包括两部分内容：个人信息部分和“大学生写作状况调查表”。调查表包括共25个题项。问卷编写分别参考谭晓春等人的相关研究（谭晓春2009；惠良虹、马烁2012；李航、刘儒德、刘源2013）。所有问题均采用李克特5分计量表，即1=完全不赞同，2=不赞同，3=不好说，4=赞同，5=完全赞同。

笔者根据这次调查所得数据探究性别、年级和专业对于写作动机的调节作用。首先，根据单双号分开原则把调查所得数据分成两组，一组使用SPSS13.0进行探索性因子分析，另一组数据用AMOS17.0进行验证性因子分析，检验测量工具的信度。其次，使用AMOS建构方程模型，检验性别、年级和专业对写作动机的调节作用。

四、结果与讨论

（一）探索性因子分析：写作动机因子命名和写作动机内在结构

利用SPSS13.0进行探索性因子分析和问卷内部结构一致性分析。因子分析结果为KMO=0.861，Bartlett’s球形检验结果显著（X^2=5423.003，df=231.000，p<0.001），表明可以进行因子分析。剔除变量低于2个的因子，抽取5个因子，保留22个变量，方差贡献率为67.428%。问卷总体信度系数a=.815，五个因子信度系数在0.811到0.887之间，问卷内在信度较高。

第一个因子包含5个题项（21，22，23，24，25），因子载荷0.714 –

0.851，Cronbacha系数为0.887，描述学习者对于自己完成英语写作任务的信心，表明个体对完成写作任务所具有的行为能力和自信程度，因此命名为写作效能感。第二个因子包含6个题项（15，16，17，18，19，20），因子载荷0.571－0.806，Cronbacha系数为0.830，描述外语写作行为是因为受外部因素鼓励还是受内在兴趣引导，体现了学习者写作兴趣的强弱，因此命名为写作兴趣。第三个因子包含4个题项（11，12，13，14），因子载荷0.753－0.822，Cronbacha系数为0.849，描述外语写作能够带来何种益处，体现了外语写作本身的价值，因此命名为写作价值。第四个因子包含4个题项（6，8，9，10），因子载荷0.632－0.804，Cronbacha系数为0.811，描述学习者的动机是出于某种实际利益还是出于对目的语社团的真正兴趣，因此命名为写作目的。第五个包括3个题项（3，4，5），因子载荷0.844－0.878，Cronbacha系数为0.883，描述学习者写作体验是积极体验还是消极体验，比如，面临写作任务，学习者感到焦虑还是轻松，因此命名为写作体验。

（二）写作动机结构的验证性因子分析

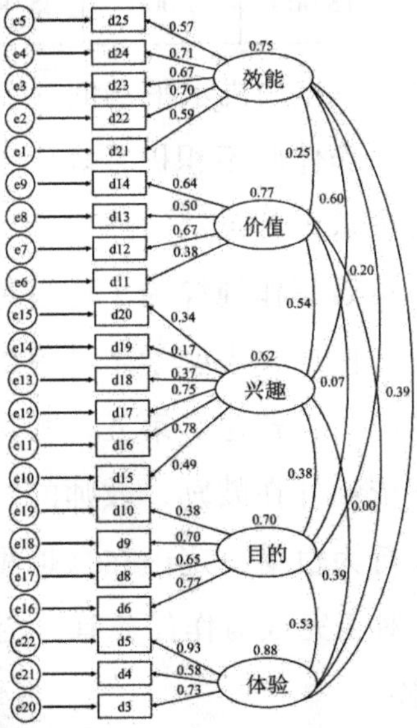

图4-1　写作动机结构的概念模型

表4-1 模型拟合效果评价指数

CMIN/DF	NFI	RFI	IFI	TLI	CFI	RMSEA
2.050	0.931	0.915	0.963	0.954	0.963	0.048

在探索性因子分析的基础上，我们提出写作动机和写作成绩关系概念模型（图4-1），从表4-1模型拟合效果评价指数可判定结构模型与写作动机概念结构吻合较好，问卷具有较好的内容效度。

（三）大学生英语写作动机和写作水平的关系

1.大学生英语写作动机基本状况

表4-2 大学生英语写作动机基本特征

变　量		N	极小值	极大值	均　值	均　差
写作动机	写作体验	918.000	1.000	5.000	3.211	0.754
	写作价值	918.000	1.000	5.000	3.949	0.773
	写作目的	918.000	1.000	5.000	2.541	0.905
	写作兴趣	918.000	1.000	5.000	3.044	0.970
	写作效能感	918.000	1.000	5.000	3.325	0.742

第一，我国大学生英语写作动机水平偏低（表4-2），而且不同维度动机水平差异显著。第二，写作体验不积极，表明英语写作是难度较大的学习任务。第三，大学生普遍认识到英语写作的积极价值，有积极学习英语写作的原因，但是，学习英语写作纯粹为了通过考试，学习动力来自外部压力。第四，写作目的得分偏低，表明学生学习外语写作缺乏明确目标和学习计划，被动学习的情况比较普遍。第五，写作兴趣水平一般，表明大学生英语写作行为不完全依赖外在鼓励，教师的教学行为对于学生写作兴趣影响不大，学生的写作行为也受一定内在兴趣驱动。第六，写作效能感水平相对较高，表明学生对于完成写作任务有一定的信心。

2.大学生英语写作水平

为了解“一般外语写作情境”而不是考试环境下大学生英语写作水平

（李航等2013），也为方便调查，我们设计了一个选择题“您的英语作文平时得分大概是______分”，让学生根据实际情况“自我报告”自己作文水平（刘珍、姚孝军、胡素芬2012）。作文成绩分为五档（表4-3），结果表明：我国大学生英语写作水平一般，写作高水平的学生较少。

表4-3　我国大学生英语写作水平

选项	A.60分以下	B.60—69分	C.70—79分	D.80—89分	E.90分以上	合计
小计	52/5.66%	204/22.22%	358/39%	274/29.85%	30/3.27%	918/100%

3. 写作动机和写作水平的关系

表4-4　写作成绩和动机各维度得分关系（N=918）

	作文成绩与写作体验	作文成绩与写作价值	作文成绩与写作目的	作文成绩与写作兴趣	作文成绩与写作效能感
相关系数	0.267	0.138	0.234	0.342	0.431
P值	0.000	0.000	0.000	0.000	0.000

写作水平和写作动机水平显著相关（表4-4）；写作价值、写作目的和写作体验与写作水平弱相关；写作兴趣和写作效能感与写作水平中度相关。

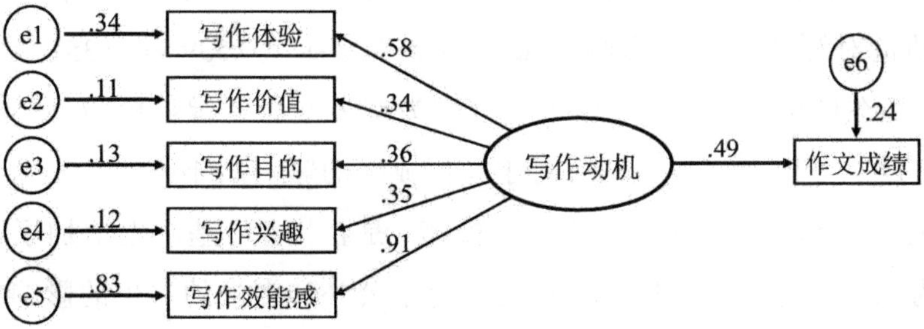

图4-2　直接效应模型

结构方程分析：为验证外语写作动机与写作水平之间的关系，本研究建构了写作动机和写作水平之间关系的方程模型。根据检验结果，模型1（图4-2）的拟合度非常好（CMIN/DF=2.685，NFI=0.992，RFI=0.966，IFI=0.995，TLI=0.978，CFI=0.995，RMSEA=0.030）。根据我们建立的模型，写作动机对于写作水平的直接效应为0.49。

基于模型1，我们按照性别、年级、专外/公外，进行分组模型拟合分析，调节效应分析结果如表4–5。

表4–5 调节效应分析结果

路径及拟合指标	调节变量(模型2)		调节变量(模型3)		调节变量(模型4)	
	男	女	低年级	高年级	专外	公外
写作动机→写作水平	0.539	0.357	0.483	0.591	0.439	0.458
卡方值	7.932	7.932	33.440	33.440	8.619	8.619
CMIN/DF	1.983	1.983	1.153	1.153	0.958	0.958
P	0.094	0.094	0.260	0.260	0.473	0.473
CFI	0.997	0.997	0.96	0.96	1.000	1.000
IFI	0.997	0.997	0.996	0.996	1.000	1.000
RMSEA	0.033	0.033	0.013	0.013	0.000	0.000

4. 个人因素和外环境素影响写作动机的效应

分析调节变量的影响：我们采用多群组分析法检验所建立方程模型对于不同群体是否适用。第一，模型2是在模型1基础上增加了性别作为调节变量。可以发现模型同样适用男生和女生，拟合度很好。拟合结果显示写作动机对写作水平的影响效果男生高于女生（0.539 vs. 0.357）。第二，模型3是在模型1基础上增加了年级作为调节变量，旨在检验年级差别的调节效应。可以发现写作动机对于写作成绩的影响高年级的学生超过低年级学生[①]（0.591 vs. 0.483）。第三，模型4是在模型1基础上增加了专业差别作为调节变量，旨在检验写作动机对于公外和专外的学生的影响是否有差异。模型拟合很好地表明对于不同群体的学生该模型是适用的。结果显示写作动机对写作成绩的影响公外学生超过专外学生（0.458 vs.0.439）。

个人因素和环境因素的调节作用：写作动机对于外语写作水平的影响由于学习者不同，其效应产生一定差异。第一，写作动机对男生的积极影

① 低年级指大一大二的学生，高年级指大三大四的学生。

响超过女生，表明男生外语写作水平受写作动机影响较大，即在外语写作学习方面男生不如女生稳定，学习持续性较弱。在学习外语方面男生似乎更需要鼓励和支持；女生外语学习的主动性和持续性较强，学习成绩变化受外界因素影响相对较少。第二，写作动机对高年级学生的影响超过低年级学生，表明高年级学生更需要鼓励以提高学习主动性，而且一旦学习动机提高，他们的写作水平提高幅度将大大超过低年级学生，因为高年级学生有更多的知识积累。但是，他们可能缺乏动机，在学习外语的主动性方面更需要鼓励。第三，写作动机对公外学生影响超过专外学生，表明公外学生外语写作水平受动机影响较大。外语专业学生写作水平受写作动机变化的影响较小。因为外语写作是他们的专业课，所以专外学生的外语写作学习动机应该都很积极，外语写作水平的差异更多来自专业知识和写作经验的影响。

写作动机的运作机制：写作动机是影响外语写作学习和外语写作水平的重要因素，学习者写作动机水平的高低能够预测外语写作学习的成效。然而个人因素和环境因素的介入使得写作动机和外语写作学习及外语写作水平之间的关系复杂多变。第一，个人因素和环境因素介入学习过程和写作过程影响写作动机对外语写作水平的效应。学习者个人因素导致写作动机的积极效应增加或削弱。比如，男生写作水平受写作动机的影响超过女生。环境因素的介入导致年级和专业不同的学生受到写作动机的影响不同。比如，高年级和公外学生受到动机影响更大。第二，个人因素和环境因素影响写作动机变化。比如，性别和个性因素影响动机稳定性。个人学习效果影响学习积极性。外部反馈和教师要求影响效能感和学习兴趣。学习环境和社会需求影响学生的学习观念和对自己的要求。第三，影响写作动机变化的外在因素受个人因素和环境因素调节作用。同样的外部反馈由于个人因素和环境因素不同而促进或者削弱学习动机。因此针对个人因素和环境因素，实行恰当积极的措施介入影响写作学习过程能促进学习动机的积极变化，比如教师干预、个人自我调整，以及教学模式改革。综上所述，写作动机对写作学习和写作水平的影响不仅受到语言水平和努力程度的影响，也受到个人因素和环境因素的介入影响。在这两种因素的调节作用下，写作动机对写作学习和写作水平施加影响，而这种影响的效果也会随着调节因素的变化而变化。

五、启　示

第一，低年级学生学习目标是提高语言基本功，夯实基础。高年级学生学习目标要聚焦自主学习能力培养，学习内容要有一定挑战性，激励学生思考和参与，同时教法上要协调好鼓励和压力，调动学生的学习积极性。第二，公外学生要提高外语学习观念，创立“学习目标和愿景”，激发积极的学习动机。教学中要注意维持学生动机水平，提高学生在教学中的参与度和自主性。专外学生有良好的“学习目标和愿景”和积极的学习动机，我们可以有更多精力注意课程内容设计，维持学生的较积极的学习动机和学习效果。第三，男性特质和个人偏见容易导致男生的学习挫折和学习信心的缺乏，因此更需要激发男生学习信心和兴趣，培养他们积极的外语学习信念。女生比较自信，而且个性顺从温柔让女生容易适应新学习环境。因此更要培养女生自主学习能力，鼓励她们树立更高的“学习目标和愿景”。第四，利用现代教育技术因材施教。教师可以利用网络平台增加师生互动和生生互动，让课堂教学向课外延伸，加强师生间的了解，推动师生间的认同。通过师生交流，学生会更加了解学习外语的积极意义，认识到学习外语的真正价值，树立正确的外语学习观念，培养积极的学习态度，摆脱环境因素的困扰，维持持久的学习动机。

六、结　论

本研究通过对中国大学生外语写作动机的调查，探讨写作动机对外语写作水平的影响，并通过加入调节变量，揭示写作动机在写作过程中如何影响写作行为和写作效果。通过因子分析得出五种写作动机，即写作效能感、写作价值、写作体验、写作兴趣和写作目的。通过相关分析和多群组验证分析发现写作动机对于外语写作水平具有显著预测作用。另外，不同个人因素和环境因素介入影响写作动机对写作行为的效应。在外语写作学习中男生、公外学生和高年级学生受动机影响效果更加明显，更加需要鼓励和支持；女生相对来说学习状态更加稳定，环境适应性较好，但是需要加强自主学习能力的培养；专外学生有较强的学习动机，但是也要注意维护动机的持续性；低年级学生需要在语言基本功方面打基础，同样也要培养积极的“学习目标和愿景”。此外，本研究结果为改革外语写作教学的课堂设计和课堂管理提供了参考依据。比如，写作动机运作机制、个人因素和环境因素对写作动机的调节作用。然而本研究没有考虑学习风格、学习经历等个人因素和环境因素，这是笔者在今后的研究中需要改进的地方。

第五章　大学生英语写作动机的影响因素研究

一、引　言

动机是影响外语/二语学习效果的学习者因素。把握动机变化规律，调整并维持良好的外语学习动机是提高外语教学效果的策略。大量的外语写作教学研究表明，教学干预可以调整学习者学习动机，提高写作教学效果。在认同写作动机对写作教学的积极意义的同时，还需要深入探讨学习者写作动机变化的原因、受到干预影响而变化的动机维度、没有变化的动机构成等。笔者通过调查分析大学生英语写作动机的变化特征，剖析影响写作动机变化的因素，提出了解决办法。

二、写作动机的结构

动机本来是一个心理学概念，一般被看作一种内在的动力或感情作用，是促使人们采取行动的欲望（王初明 2003）。动机也被定义为一种认知和情感的唤醒状态，它导致有意识的决定来采取行动，并导致一段时间内持续的脑力和体力的付出，其目的是要达到一个或几个既定的目标（Williams & Burden 2000）。因此，动机和个体的意识、态度、认知、决策密切联系，是个体为了实现特定目标而采取行动的内在动力。

20 世纪 50 年代，Gardner 开始研究学习者态度对二语学习的影响，之后动机成为二语教学领域的重要课题。Gardner 认为：目的、学习努力程度、达到学习目的的愿望以及学习态度构成学习动机。“只有当达到目的的愿望加上正确的态度与努力行动结合在一起的时候，这才算是有了真正的动机”[①]。Gardner把学习二语的原因分为融合性原因和工具型原因，人们习惯上将其称为融合性动机和工具型动机。后来，研究者从心理角度探讨“原因”和“学习结果”之间的联系，把动机分成内在动机和外在动机。从20世纪90年代开始，动机研究围绕动机的动态性和认知特点展开，对动机的认识也在不断深入。Dörnyei（1994）提出了外语学习动机的三层次模式，从语言层面、学习层面和学习情境层面来界定和测量外语学习动机，指出了构成外语学习动机的层次、成分和要素。学习动机和学习环境因素之间存在必然的联系，如课程因素、教师因素和学习集体因素等影响学习动机。秦晓晴（2007）从个人需要、动机前提、情感中介/认知中介、动机行为和学习结果五个方面讨论了动机构成。外语/二语学习的环境差异引起研究者的注意，使动机研究有了新发展。如Yashima（2002）提出了“国际姿态”这一概念，认为积极的国际姿态能够推动英语学习。Dörnyei（2010）提出了二语动机自我系统概念，认为学习者对理想二语自我的认同会增强二语学习动力。外语写作动机是外语学习者在外语写作学习过程中所表现出的个人态度、兴趣、目的和努力程度，是影响外语写作学习的个人情感因素。

谭晓春（2009）从作用动机、动力动机、兴趣动机、练习的目的、交流动机、逃避写作和出国动机七个维度探讨了写作动机的内在结构。惠良虹、马烁（2012）从自我效能、写作兴趣、表现目标、写作效价、写作目的、掌握目标和努力程度七个维度讨论了写作动机的构成。他们关于写作动机的研究都涉及了写作目的、兴趣和努力程度，但是对于写作态度的论述不多。态度体现于个人对事物的信念、褒贬反应和行动倾向（王初明 2003：103），是动机的一个构成成分。借鉴上述研究，笔者从目的、态度、兴趣和动机强度四个维度研究英语学习者的写作动机。

---

① 王初明：《应用心理语言学：外语学习心理研究》，长沙：湖南教育出版社，2003：110页。

三、研究问题和研究方法

（一）问题的提出

外语写作具有“认知和情感的双重属性”（陈颖等 2016），教师如果能把握好学生的情感因素，激发学生写作动机，则有利于缓解学生的写作焦虑（吴育红、顾卫星 2011；李鹏飞 2012），提升写作教学效果。教师可以通过一定的教学策略和教学方法从学习环境层面提高学生的学习动机（Dörnyei1994）。另外，教师也可以通过策略培训提高学生动机调整的意识，鼓励学生主动调整写作动机（惠良虹、马烁 2012；赵江葵 2011）。调整大学生写作动机是改善大学外语写作教学的有益尝试。那么，应该如何提高学生的外语写作动机以改善外语写作教学问题？

本研究希望通过调查分析理工科大学生写作水平和写作动机的基本状况，找到解决问题的方法。因此，提出以下问题：①我国大学生外语写作动机具有怎样的特征，在学习过程中动机是否变化？如果发生变化，变化原因是什么？②写作动机和外语写作成绩之间存在怎样的关系？③如果动机容易受外在影响而变化，如何提高大学生外语写作兴趣和写作动机？

（二）研究对象

调查对象为安徽省某理工科大学电气专业和电子信息专业5个自然班的210名大一学生。笔者利用上课时间进行了2次调查，每次发放和回收问卷210份，有效回收问卷分别为202份（男生173人，女生29人，平均年龄18.5岁）和190份（男生163人，女生27人，平均年龄18.5岁）。调查时间分别是期初（9月的第一周）和期末（12月的第二周），时间间隔为16周。每次调查时，要求学生在30分钟内写一篇不少于120个词的英语作文。作文由一位经验丰富的教师从论点切题、论证清晰、论述充分、表达条理、语言流畅5个维度进行评分。每个维度得分为1到5分，5项总分为

25分。5个维度得分之和为最终作文得分。

（三）研究工具

调查问卷包括2个部分内容：个人信息和“大学生写作动机调查表”。“大学生写作动机调查表”参考了谭晓春（2009）和惠良虹、马烁（2012）的研究，共20个题项。问卷结构分析和因子抽取：验证性因子分析结果为KMO=0.771，Bartlett’s球形检验结果显著（X^2 =1 743.724，df=190，p<0.001），表明可以进行因子分析。抽取4个因子，保留20个变量，方差贡献率为58.829％。问卷信度分析：问卷总体信度系数a=0.805，问卷信度较高，调查结果可以接受。因子命名和问卷信度见表5-1。第1个因子包含6个题项，表达英语写作给学习者能够带来的何种益处，体现了学习英语写作的目的，因此命名为写作目的。第2个因子包含6个题项，表达学习者进行英语写作是因为外在因素的要求还是因为自己的学习兴趣，反映了学习者对英语写作的喜好程度，因此命名为写作兴趣。第3个因子包含4个题项，表达学习者进行英语写作时的信心和焦虑程度，反映了学习者对英语写作的重视程度，因此命名为写作态度。第4个因子包含4个题项，表达学习者学习英语写作的动机是因为外力驱动还是因为自己内心的喜欢，反映了学生的努力程度，因此命名为动机强度。

表5-1　因子命名和问卷信度

因　子	题项数/个	α值
写作目的	6	0.804
写作兴趣	6	0.752
写作态度	4	0.667
动机强度	4	0.759

四、结果与讨论

（一）大一新生英语写作动机的基本状况

大一新生英语写作动机的基本特征见表5-2。可见，他们动机水平偏低，写作兴趣不高，写作具有很强的目的性。期初与期末相比，写作动机水平没有显著变化，但是，对写作的重视程度明显上升，而努力程度有所下降。

表5-2 大一新生英语写作动机的基本特征

	写作目的	写作兴趣	写作态度	动机强度	N
期　初	3.73±0.66	2.81±0.71	3.23±0.76	3.49±0.79	201.00
期　末	3.71±0.67	2.87±0.60	3.43±0.76	3.16±1.02	184.00
T	0.33	–0.90	–2.59	3.47	
p	0.74	0.37	0.01	0.00	

（二）英语水平、写作动机和写作成绩的相关性

动机和写作成绩的关系见表5-3。可见，期初写作成绩和写作动机之间存在显著相关，期末只有动机强度和写作成绩相关。提高重视写作的程度不一定能促进写作成绩的提升，而写作努力程度显著影响写作成绩。期末，写作目的、写作兴趣和写作态度对写作成绩的影响逐渐变小，但是，努力程度一直显著影响写作成绩，这表明动机强度越高，学习投入越多，则越能写出高水平的作文。

表5-3 动机和写作成绩的关系

	高考成绩	写作目的	写作兴趣	写作态度	动机强度
期　初	0.37**	0.23**	0.25**	0.12	0.21**
期　末	0.27**	0.09	0.15	0.02	0.21*

注：**p<0，*p<0.05

（三）写作动机的变化及其规律

1. 英语水平和写作动机的变化

英语水平和写作动机的变化见表5-4。根据英语高考成绩把学生分为高分组和低分组。经过一学期的大学英语学习，高分组的写作目的和写作态度没有显著变化，但写作兴趣和动机强度显著下降。低分组的写作目的、写作兴趣和动机强度没有显著变化，但写作态度明显上升。

高分组的学习动机降低，甚至下降幅度超过低分组，是因为中学阶段所养成的学习风格使他们在学习中很依赖老师，而大学学习则强调学生的自主学习。到了期末，由于学生还没养成自主学习的习惯，他们不能适应缺乏外部督促的学习环境和学习风格，因此，写作兴趣和写作态度下降。对低分组来说，尽管自主学习方面也存在不足，但是，相对宽松的学习环境可能会让他们感到更小的焦虑和压力，从而影响他们的学习兴趣。因此，教学风格的差异对高分组影响较大，对低分组影响较小。

表5-4　英语水平和写作动机的变化

英语高考成绩		写作目的	写作兴趣	写作态度	动机强度	N
高分组	期　初	3.91±0.54	3.11±0.72	3.31±0.58	3.90±0.56	51.00
	期　末	3.69±0.57	2.71±0.76	3.42±0.77	3.26±0.90	44.00
	T	1.85	2.60	−0.82	4.12	
	p	0.07	0.01	0.41	0.00	
低分组	期　初	3.49±0.67	2.65±0.59	2.96±0.82	3.36±0.78	55.00
	期　末	3.57±0.66	2.72±0.83	3.41±0.71	3.21±0.87	48.00
	T	−0.57	−0.48	−2.94	0.89	
	p	0.57	0.64	0.00	0.37	

2. 写作水平和写作动机的变化

期初作文成绩和期末写作动机的变化见表5-5。根据期初作文成绩把学生分为高水平组和低水平组。高水平组的期末写作态度显著上升，并超过低水平组；动机强度显著下降，甚至超过低水平组；写作目的和写作兴趣没有显著变化。低水平组的动机一直没有变化。高水平组写作兴趣和写作态度的提高，以及动机强度的下降表明他们更容易受到外在因素的影响。当应试教育的压力减弱时，他们的努力程度降低，但随着对写作课了解程度的加深，他们对英语写作的学习兴趣、学习态度也在不断提高。

表5-5　期初作文成绩和期末写作动机的变化

期初作文成绩		写作目的	写作兴趣	写作态度	动机强度	N
高水平组	期　初	3.82±0.70	2.98±0.72	3.18±0.71	3.79±0.73	32.00
	期　末	3.72±0.70	2.72±0.77	3.56±0.81	3.13±0.90	32.00
	T	0.57	1.43	−1.98	3.20	
	p	0.57	0.16	0.05	0.00	
低水平组	期　初	3.61±0.67	2.53±0.63	3.17±0.67	3.24±0.64	53.00
	期　末	3.64±0.57	2.63±0.81	3.41±0.69	3.17±0.81	54.00
	T	−0.28	−0.71	−1.83	0.53	
	p	0.78	0.48	0.07	0.60	

3. 个人因素和写作动机的变化

性别对动机的影响见表5-6。期末，男、女生的写作动机强度显著下降，并且女生的写作动机强度的下降幅度超过男生。男生在写作目的、写作兴趣和写作态度上没有变化。女生的写作兴趣显著下降，但写作目的和写作态度没有显著变化。期末，女生的写作兴趣和动机强度大幅下降，这表明大学英语写作教学对女生的负面影响较明显，女生的学习动机容易受教学风格和教学环境等外部环境的影响。

表5-6　性别对动机的影响

性　别		写作目的	写作兴趣	写作态度	动机强度	N
男　生	期　初	3.70±0.66	2.78±0.71	3.23±0.76	3.42±0.78	173.00
	期　末	3.63±0.64	2.67±0.79	3.38±0.74	3.11±0.87	153.00
	T	1.07	1.37	−1.91	3.45	

续　表

性　别		写作目的	写作兴趣	写作态度	动机强度	N
	p	0.29	0.17	0.06	0.00	
女　生	期　初	3.87±0.61	2.98±0.69	3.20±0.80	3.84±0.72	29.00
	期　末	3.83±0.61	2.57±0.70	3.48±0.65	3.13±0.86	27.00
女　生	T	0.29	2.20	−1.45	3.36	
	p	0.77	0.03	0.15	0.00	

（四）探究大学生英语写作动机变化的原因

问卷调查完成之后，我们对其中10位学生进行了访谈。访谈内容包括12个问题，涉及课程观念、课堂观念、写作效能感和成败归因3个方面。

1. 访谈结果和分析

（1）课程观念

学生普遍认为英语写作课很重要，有明确的学习目的。但是，大多数学生是因为“考试需要”而喜欢写作课，一部分学生表示“不喜欢”“不感兴趣”，真正“喜欢”英语写作的很少。学生认为语言学习仍然是写作课的核心，老师在写作教学中应该首先教句型、词汇，其次讲解作者思路、文章结构和写作技巧。只有1名学生认为应该学习探索“文章的主题和内容”的方法。可见，关于英语写作课，学生较多重视语言形式的学习，较少关注作文的内容和表达效果。

（2）课堂观念

学生认为课堂教学很重要，写作课能够提高其写作水平。他们期望通过写作技巧的学习，使其作文质量有所提高。学生认为如果写作学习没有达到好的教学效果，那么可能是因为“自己不认真学习”或者“老师不认真指导”。很少有人认为课堂上同学之间的互动有益于提高自己的写作水平，多数学生认为老师能“帮助和修改错误”，指导“学习写作技巧”，并督促自己写作。

（3）写作效能感和成败归因

多数学生不满意自己的作文水平，把其归因于“句型结构简单和词汇量少”“缺乏写作技巧”“不知道写什么”和“不会写”。他们认为练习和阅读对于提高写作水平非常重要。另外，多数学生认为老师的指导能够提高自己的写作技巧，“多读、多写、多背”是提高写作水平的唯一途径。

2.影响写作动机变化的因素

（1）学生因素

学生缺乏自主学习的能力，对老师和外部环境的依赖性较强。他们依赖老师讲授写作技巧、语法知识、有用的句型和模板，希望通过课堂学习提高写作水平，认为只要掌握了写作技巧就能写好作文。学生过分重视词汇和语法学习，忽视了文章内容和结构。当老师组织大家讨论话题、分析题目、构思作文内容的时候，他们就会觉得在写作课堂上没有收获。

（2）教师因素

教师的课堂教学和班级管理是激发和维持学生学习动机的动力。科学的班级管理、及时的作业反馈和恰当的鼓励能使学生始终保持积极的学习状态。缺乏老师的反馈和约束，即使学习动机很高的学生也会逐渐变得消极怠惰。

（3）教育理念

根据目前的实际情况，培养读写能力更符合非专业学生的英语学习需求（张绍杰 2015）。而大学英语教学普遍重视听说能力，忽视读写能力。虽然有些学生出于个人的爱好喜欢英语写作，但是，重视听说、忽视读写的教育理念必然会影响他们的学习动机。期初写作动机较高的学生得不到积极的反馈和支持，期末时，他们对写作课的态度和兴趣就必然会下降。尽管他们的学习动机相对来说还能保持较高水平，但是，长期缺乏外在的鼓励和支持，容易导致其学习效能感下降，学习兴趣消失。

五、结论和启示

（一）大一新生英语写作动机的基本特征

大一新生期末写作目的和写作兴趣基本保持不变，但其动机强度和写作态度有不同程度的变化。写作动机的变化与学习者的英语水平、写作水平和个人因素有关。英语水平和写作水平高的学生，其写作动机更容易变化。另外，女生较男生而言，其写作动机更容易变化。究其原因，学习观念、学习习惯、教学环境和教育理念的差异是重要的影响因素。

（二）写作动机和写作成绩之间的关系

动机强度能够比较稳定地预测写作成绩，很好地解释写作成绩的变化。写作目的、写作兴趣和写作态度通过学生努力程度的中介作用间接影响着写作成绩。另外，其他影响写作水平的因素也通过写作动机的中介作用间接影响着写作成绩。此次研究认为，期末写作成绩的提高可能是写作动机和英语水平交互作用的结果。

（三）如何提高大学生的写作动机

第一，教师要充分发挥能动性和创造性，使教学实践具有个性化，从而提高学生的学习兴趣和学习动机。另外，教师要及时做好评价和反馈工作，以鼓励学生努力学习。第二，教师要培养学生自主学习的能力。第三，教师要不断反思自己的教学观念和教学方法，了解学生的学习观念和学习需求，尽量使自己的教学和学生的需求保持一致，提高学生的学习动机。

六、结　语

本研究基于对理工科大学大一新生期初和期末的英语写作动机的调查，探究大学生英语写作动机变化的原因和提高大学生英语写作动机的策略。由于调查范围较小，而且两次调查时间间隔较短，因此，可能会影响调查的结果。今后可以扩大调查范围和调查时间跨度，结合动机维度、努力程度和外语水平，以及母语写作水平等因素认识写作动机对外语写作水平的影响。

第六章　动机、信念和焦虑对大学生英语写作的影响

一、引　言

写作信念、写作焦虑和写作动机等因素属于非智力因素，它们决定了学习态度和学习体验，制约着学习者的努力程度，影响外语学习成败，在外语学习中发挥重要作用。在学习英语写作的过程中大学生在写作信念、写作动机和写作焦虑等个人非智力因素方面具有什么特征，对英语写作学习有什么影响，这是亟待解决的问题。

二、研究背景

写作信念是学习者在学习外语写作的过程中形成的对写作本质、写作学习和教学、作品构思、评价和修改等写作活动的意识，并在此基础上形成有体系的认识和信念。写作信念影响写作行为，比如，写作过程中学习者依据自己的写作信念对写作行为监控和协调以利于提高写作效率。因此，吴红云指出提高学生写作元认知能力的重要性（吴红云 2006），其目的就是让学生树立正确的写作信念，正确评估写作任务的难度和自己的写作能力，掌握灵活的写作技巧，则能够提高积极的写作体验、写作兴趣和写作效率。

写作焦虑是写作过程中所产生的紧张忧虑等消极心理，导致痛苦的写

作体验和对写作过程的厌倦，抑制写作水平发挥（郭燕、秦晓晴 2010）。比如，高焦虑者对自己的写作内容没有信心，频繁回读和修改所写内容，影响写作的流利程度。然而，适度焦虑促使作者对语言的关注和对时间限制的注意，促使他们提高写作速度和写作效率。另外，通过平衡写作过程中的注意分配，合理兼顾对内容和语言形式的注意，及时修改和调整输出内容有利于提高写作质量和写作效率，有利于降低写作焦虑。

写作动机是一种内在的动力或感情作用，是促使人们采取行动的欲望（王初明 2003）。外语写作动机是外语学习者在外语写作学习过程中所表现出的个人态度、兴趣、目的和努力程度，是影响外语写作学习的个人情感因素。教师如果能把握好学生的情感因素，激发学生写作动机，则有利于缓解学生的写作焦虑（李鹏飞 2012），提高写作教学效果。教师可以通过一定的教学策略和教学方法从学习环境层面进行操控，提高学生的学习动机（Dörnyei 1994）。教师也可以通过策略培训提高学生动机调整的意识，鼓励学生主动调整写作动机（惠良虹、马烁 2012）。

综上所述，写作信念、写作焦虑和写作动机等个人因素影响学习者外语写作水平，而且对学习者外语写作的影响比较复杂，各个因素之间也相互影响。因此，探究外语写作水平和学习者个人因素之间的关系，以及分析个人因素之间的相互关系，有助于认识非智力因素对外语写作教学的影响。笔者希望通过调查大学生的写作信念、写作焦虑和写作动机等个人因素的基本状况，探究个人因素和外语写作水平的关系，以及不同个人因素之间的相互关系。因此笔者主要研究的问题有：①中国英语学习者在写作学习中表现为什么特点？有什么问题和不足？②学习者因素和写作水平之间存在什么关系？哪些因素显著影响写作水平？③学习者因素之间存在怎样的相互关系？

三、研究方法

（一）研究对象

研究对象为安徽省某理工科大学五个自然班的210名大一学生，分别来自电气专业和电子信息专业。发放问卷210份，回收210份，剔除无效问卷后，共收集有效问卷190份（男生153，女生37，平均年龄18.5岁）。填写完问卷时，要求学生在三十分钟内写一篇不少于120词的英语作文。作文最后由一位经验丰富的老师从论点切题、论证清晰、论述充分、表达条理和语言流畅五个维度进行评分。每个维度得分从1到5分，最后得分为5项得分之和，满分为25分。

（二）研究工具

调查问卷包括两部分内容：个人信息部分和“大学生写作状况调查表”。调查表包括“写作信念”“写作动机”“写作焦虑”三个量表，共74个题项。所有问题均采用李克特5计量表，即1=完全不赞同，2=不赞同，3=不好说，4=赞同，5=完全赞同。

（三）三个量表的结构分析、因子抽取和信度检验

三量表结构、信度和因子抽取相关的数据如表6–1 所示。

表6=1　三量表结构、信度和因子抽取相关的数据

量表结构	写作动机	写作信念	写作焦虑
累计方差贡献率	61.672%	60.994%	63.290%
提取因子	4	4	4
KMO	0.809	0.896	0.880
X^2值	1666.760	2007.886	1772.234

续 表

量表结构	写作动机	写作信念	写作焦虑
df	190.000	231.000	190.000
p 值	.000	.000	.000
信度系数	.802	.919	.895

通过探索性因子分析，各量表内容被简化成若干内部结构一致的因子。通过上表可见，三个分量表的KMO值较高，Bartlett's球形检验结果显著，可以进行因子分析。剔除不符合统计要求的项目，各量表分别抽取4个因子。每个量表总体信度系数较高，内在信度较高，调查结果可以接受。

（四）三个量表的因子命名

写作动机因子命名：第一个因子包含7个题项，描述英语写作给学习者能够带来何种益处，体现了英语写作的价值，因此命名为写作价值。第二个因子包含4个题项，描述学习者的动机是出于某种实际利益或是对目标语文化的兴趣，因此命名为写作目的。第三个因子包含5个题项，描述外语写作行为是迫于外力的要求还是内在兴趣的驱动，因此命名为写作兴趣。第四个因子包含4个题项，描述学习者写作体验是消极还是积极的，因此命名为写作体验。

表6-2　写作动机因子命名和因子结构信度

因　子	测量题项	Cronbacha 系数
写作价值	1，2，11，12，13，14，15	0.832
写作体验	3，4，5，7	0.849
写作兴趣	16，17，18，19，20	0.810
写作目的	6，8，9，10	0.781

写作信念因子命名：第一个因子包含7个题项，描述学习者判断英语写作水平优劣的标准，体现了学习者评价英语写作的标准和信念，因此命

名为评价信念。第二个因子包含5个题项，描述学习者在写作前进行文章内容和结构进行构思谋划时所关注的问题，反映了学习者的写作构思信念，因此命名为构思信念。第三个因子包含5个题项，描述学习者修改文章时关注什么问题，反映了学习者对英语写作进行修改的信念，因此命名为修改信念。第四个因子包含5个题项，描述学习者对文章内容和语言形式关注的程度和认识，反映了学生对写作内容和形式认识和信念，因此命名为形式内容。

表6-3　写作信念因子命名和因子结构信度

因　子	测量题项	Cronbacha系数
评价信念	1,2,3,5,6,7,8	0.870
构思信念	4,14,15,16,17	0.837
修改信念	18,19,20,21,22	0.810
形式内容	9,10,11,12,13	0.826

写作焦虑因子命名：第一个因子包含7个题项，描述写作者对于外界评价的忧虑，体现了学习者的焦虑是由于害怕外界评价所引起，因此命名为评价焦虑。第二个因子包含6个题项，描述学习者害怕出现形式上的错误，反映了学习者的焦虑来源于对语言形式的担心，因此命名为语言焦虑。第三个因子包含4个题项，描述学习者在写作过程中的体验和感受，反映了学习者焦虑产生于写作过程中对写作活动本身的担心，因此命名为写作感受。第四个因子包含3个题项，描述写作任务的难度，反映了学生焦虑产生于写作内容难度太大而引起，因此命名为任务难度。

表6-4　写作焦虑因子命名和因子结构信度

因　子	测量题项	Cronbacha系数
评价焦虑	8,9,10,11,12,13,14	0.877
语言焦虑	16,17,18,19,20,21	0.879
写作感受	1,2,3,4	0.828
任务难度	5,6,7	0.697

四、结果与讨论

（一）大学生英语写作学习中表现的个人因素基本特征

大学生英语写作学习中所表现的个人因素基本特征如表6–5所示。

表6–5 大学生英语写作学习中所表现的个人因素基本特征

变 量		N	极小值	极大值	均 值	均 差
写作信念	评价信念	181	1.571	5.000	3.581	0.700
	构思信念	181	1.600	5.000	3.570	0.673
	修改信念	181	1.200	5.000	3.284	0.709
	形式内容	181	2.000	5.000	3.320	0.690
写作焦虑	评价焦虑	180	1.000	5.000	2.951	0.798
	语言焦虑	179	1.000	5.000	3.408	0.807
	写作感受	180	1.000	5.000	2.788	0.769
	任务难度	180	1.333	5.000	3.428	0.773
写作动机	写作价值	180	1.857	5.000	3.657	0.634
	写作体验	180	1.250	5.000	3.111	0.864
	写作兴趣	180	1.600	5.000	3.399	0.727
	写作目的	180	1.250	5.000	2.656	0.776

由表6–5可得：第一，大学生写作信念在各维度得分普遍较高，表明学生有较积极的写作信念。比如，“我用优秀作文的标准来指导自己写作”和评价自己的写作水平；有很好的写作策略意识，知道用恰当策略修改文章、构思文章，在写作中能均衡考虑内容和语言形式。第二，大学生写作焦虑一般，但在不同维度表现出一定差异。他们写作焦虑增加是因为语言问题和写作任务的难度，对于写作过程本身的感受，以及担心外界的评价所引起的焦虑相对较低。第三，大学生写作动机水平一般，也表现出不同

维度的差异。对英语写作价值有较高的期待，对英语写作表现出一定的兴趣，这是他们学习写作的动力。但是学生的写作体验一般，表明写作学习不能激发他们积极的写作兴趣；学习外语写作目的不明确，学习动力不足，学习投入较少。

（二）学习者因素和写作成绩的关系

调查显示大学生英语写作成绩平均得分为14.455（满分25分），写作信念、写作动机和写作焦虑等个人非智力因素和写作成绩之间的关系如表6–6。

表6–6 作文成绩与写作信念、写作焦虑和写作动机的关系

	作文成绩与写作信念	作文成绩与评价标准	作文成绩与构思信念	作文成绩与修改信念	作文成绩与形式内容
相关系数	0.102	0.166	0.104	0.026	–0.006
P值	0.190	0.032	0.178	0.735	0.941
	作文成绩与写作焦虑	作文成绩与评价焦虑	作文成绩与语言焦虑	作文成绩与写作感受	作文成绩与任务难度
相关系数	–0.076	–0.069	–0.055	–0.097	0.006
P值	0.332	0.378	0.479	0.214	0.943
	作文成绩与写作动机	作文成绩与写作价值	作文成绩与写作体验	作文成绩与写作兴趣	作文成绩与写作目的
相关系数	0.183	0.090	0.209	0.016	0.145
P值	0.018	0.249	0.007	0.839	0.061

通过表6–6相关数据分析可以发现：第一，不同学习者因素和写作水平的关系显著不同。写作信念和写作水平没有显著相关性，但是，不同维度的写作信念和写作成绩相关性有较大差异。评价标准和写作水平显著相关（r= 0.166，p=0.032），而其他维度的信念和写作水平不相关。学习者明确的评价标准观念表明他们已掌握较好的写作知识，知道从哪些方面提高作文质量，因此，努力方向明确，写作效率较高。比如，他们会兼顾文章的内容和语言，也可能只注意提高修辞效果。

第二，写作焦虑和写作水平负相关，但是不显著。郭燕等（2010）发现写作焦虑与学生外语写作水平显著负相关。然而，本研究中学生的写作焦虑和写作水平之间不存在显著的负相关。从焦虑的分项得分来看，学生处于中等焦虑状态，而且相对来说语言焦虑和任务难度焦虑水平较高；评价焦虑和写作感受焦虑水平较低。在外语写作过程中，学生主要关注语言问题和完成写作任务，无暇顾及文章内容。多数学生可能认为能写出正确的句子，完成写作任务就可以了。由于过多关注语言问题，不容易自由表达自己的思想，影响文章内容质量，在切题（2.851）、充分（3.024）和条理（2.595）方面学生得分较低。第三，写作动机和写作水平显著相关，而且不同维度的写作动机和写作水平的相关性具有显著差异。写作体验和写作水平显著相关，写作价值、写作兴趣和写作目的与写作成绩不相关。通过相关分析发现写作体验和词汇量、文章切题显著相关（r= 0.174，p= 0.025；r= 0.198，p=0.010）。因为学生词汇量比较大，语言输出容易，所以语言障碍少，写作体验积极，写作效率高。另外，由于词汇量大，理解话题不难，所以更容易生成符合主题的内容。因此，写作动机的积极作用受到学生的语言能力的影响。假如学习者语言水平较高，则写作动机能够发挥积极的影响；假如学习者语言能力较低，写作动机则很难发挥积极效应。另外，构思观念、修改观念和形式内容兼顾的写作信念与评价标准高度相关（见表6–7），表明积极的写作信念虽然不意味着高写作水平，但是积极的学习信念一定激发学习者更多的学习投入，会间接促进写作水平的提高。

表6–7　评价标准和构思信念、修改信念、形式内容的关系

	评价标准与构思信念	评价标准与修改信念	评价标准与形式内容
相关系数	0.674	0.596	0.333
P值	0.000	0.000	0.000

（三）写作信念、写作焦虑和写作动机之间的关系

为了认识学习者因素对于外语写作水平的影响，笔者进一步探究写作

信念、写作焦虑和写作动机之间的关系，利用AMOS17.0建立了写作信念、写作焦虑和写作动机之间关系的概念模型（图6-1）。

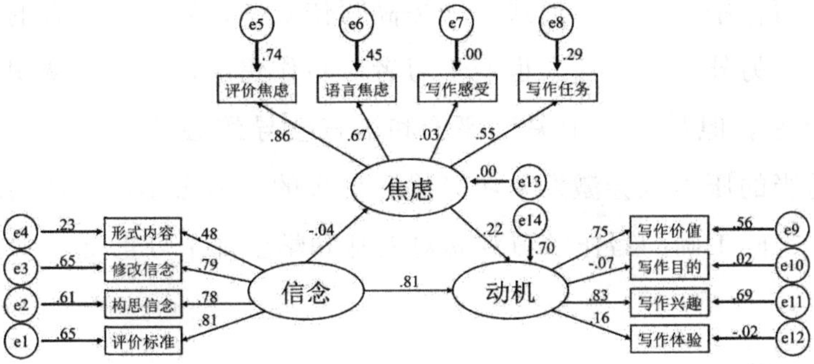

图6-1　写作信念、写作焦虑和写作动机关系的概念模型

从表6-8的拟合评价指数可以看出模型拟合度很好，该结构模型可以接受。从该结构模型可以看出写作信念、写作焦虑和写作动机之间的关系。

第一，写作信念对写作焦虑没有显著影响（路径系数为-0.04，p=.630）。外语学习者在语言使用中总会有不同程度的焦虑心理，这与学习者的学习观念无关。在外语写作中害怕被评价，担心语言出错，或者感到写作任务比较困难，这些是自然的心理反应，和是否认识到学习外语的意义没有关系。

第二，写作焦虑影响写作动机（路径系数为0.22，p=.003）。已有研究表明焦虑对于外语学习的消极和积极影响并存，适当的写作焦虑能激发学习者的努力程度。因为写作任务和老师反馈给学习者带来挑战和压力，他们为了应对挑战和压力必须更加努力学习。

第三，写作信念影响写作动机（路径系数为0.81，p=.000）。积极的写作信念能调动学习者的主动性，学习者会制定明确的学习目标和学习计划，采取积极的策略提高效率，产生良好的学习效果，从而进一步提高学习者的努力程度。

表6-8　模型拟合效果评价指数

CMIN/DF	NFI	RFI	IFI	TLI	CFI	RMSEA
1.352	.950	.909	.987	.975	.986	0.044

上述分析表明，在写作信念、写作焦虑和写作动机三个因素之中，写作信念属于核心因素。写作信念影响学习焦虑和学习动机。写作信念促使学习者在写作中兼顾内容形式努力提高写作效率，影响学习者的自信心和学习动机。另外，写作信念也使学习者对写作焦虑产生正确认识，从而缓解写作焦虑。但是，过于关注评价和语言会导致心理压力，影响写作成效；而适当的压力也会激发学习者投入更多的精力去学习，从而取得更好的成绩。因此正确的写作学习观念对老师和学生都十分重要。

五、结　语

本研究通过调查理工科大学生英语写作现状，探究写作信念、写作焦虑和写作动机等学习者因素对大学生外语写作水平的影响。研究发现：写作动机对于外语写作水平具有显著的积极影响。写作信念和写作焦虑对外语写作水平没有显著的影响，但是写作信念和写作焦虑影响写作动机，并通过写作动机间接影响外语写作水平。目前大学外语写作课面临的主要问题是提高学习者的学习动机和写作信念。

研究学习者因素和写作水平的关系对外语教学有如下启示：第一，引导学生培养自主学习能力和积极的外语学习信念。学生的自主和自律是最好的学习动机和学习方法。正确认识外语学习内容、目标、方法和成败有利于缓解学习者的学习焦虑，从而树立学习者学习自信。第二，利用网络交流平台进行教学和班级管理，建立新型的班级认同和良好的师生关系，提高学生的学习自主，促进老师了解学生的学习观念和学习需求，改进自己的教学。第三，充分利用现代教育技术增强写作教学的积极体验，创造积极的学习环境，让写作教学和写作活动吸引学生的参与。第四，树立正确的外语写作学习观念非常重要。开展策略培训提高学生的写作策略和外语写作学习观念，有利于提高学生写作效率写作信心，降低学习焦虑，保持积极的学习动机。

第七章　写作策略和英语写作质量的关系

一、写作教学和英语写作策略

写作教学方法有重结果的教学法和重过程的教学法，分别简称为结果教学法和过程教学法。结果教学法重视范文的讲解分析与模仿，强调语言的形式。过程教学法重视指导学生如何构思、计划、草稿、修改和编辑，强调写作的认知过程以及学生的个人因素。随着认知心理学的兴起，写作教学研究领域开始关注写作行为本身，探究写作过程中写作者的认知的变化、影响及构成因素。写作认知过程的研究进一步推进写作研究的视野，研究内容突破了学习者的认知，涉及他们的情感、态度、动机和外部环境。目前，关于写作过程教学法的研究，主要从结果上对比两种教学方法，论述过程教学法的操作模式和在教学中的积极作用（张吉生、周平 2002），或指出过程教学法的不足（刘宽平等 2003），对于写作过程本身的研究不多（杨淑娴 2002）。写作策略研究关注写作过程中写作者的写作活动或认知活动，重视有效写作方法或策略的指导，从而达到优化写作过程，提高写作质量的目的。

写作策略是影响写作表现和写作水平的重要因素，也是学习者的写作能力的构成要素。然而，目前关于写作策略的研究不多（文秋芳 2003；张军 2003）。国外关于写作策略的研究主要有母语策略（Kobayashi & Rinnert 1992）、母语文化（Friedlander 1996）、元认知策略（Whalen & Menard 1995）对于外语写作水平的影响。目前国内吴红云和刘润清（2004）对二语写作的元认知策略作了比较系统的研究。文秋芳和郭纯洁（2002）研究母语策略在看图作文中的作用时，对母语在写作过程中具体的功能作了细致分析。他们的研究对写作策略的研究有指导和借鉴作用。杨淑娴（2002）在研究英语学习者写作策略使用的不同对二语写作成绩的影响时，把写作策略分为五大类：准备策略、草稿策略、修改策略、读者意识和避免母语。她着重观察和描述写作过程，对写作策略进行了初步分类，并讨论在写作过程中不同策略的使用情况。关于写作策略的微观研究很少，比如，在写作过程中策略使用和选择的动态变化，以及在写作过程中具体的策略使用与选择如何影响写作质量。本章回顾写作教学和写作策略研究现状，分析各写作策略的关系和在写作过程中策略使用的动态变化，以及策略使用对写作质量的影响，探讨提高写作策略意识和培养写作策略的重要性。

二、写作策略的分类

目前对写作策略的分类是初步的尝试，其系统性亟待提高与完善。比如，写作策略可分为计划策略、草稿策略、监督策略、修改策略、编辑策略；还可以再细分为监控策略、管理策略、修改策略、翻译策略、草稿策略、构思策略、语篇衔接策略、模仿策略、词汇选择策略等。因为写作策略是写作过程中写作者用以提高写作效率的技巧，策略的研究和分类应该参照写作过程。国外研究者所提出的写作过程模式为写作过程研究提供了一个研究框架，也为写作策略研究提供了参考依据。Hayes & Flower（1980）的写作过程认知模式在写作教学研究领域具有重要的指导意义，也为写作策略研究提供了思路。该模式包括三个部分：任务环境、作者的长期记忆和写作过程。其中，写作过程又细分为计划过程（产生内容、组织内容、目标制定）、翻译过程、修改过程（阅读和编辑）和管理和监控过程（协调和控制上述过程的工作顺序）。在这之后，Chenoweth & Hayes（2001）的模式把写作活动看成是三个层面的认知活动的管理和协调。三个层面包括：资源层（the resource level）[①]、过程层（the process level）和控制层（the control level）。其中，过程层面分为内部过程和过程的外部环境。内部过程包括提议过程、翻译过程、修改过程和转写过程。提议过程产生语言材料并且把它提交给翻译过程。翻译过程把前语言材料进行处理，经过处理的语言输出受到修改过程的评估，确定所写文字是否可接受，或者再次尝试别的替换方式。两个模式的写作过程都包括计划构思、转化翻译、修改校读和监控管理四个过程。根据宏观的写作过程来分析和归类写作者所使用的写作策略，那么，写作策略可以分为准备策略、草稿策略、修改策略和监控策略。另外，写作策略还可以做更加具体和细致的分类。根据杨淑娴的写作策略分类，并结合吴红云和刘润清对写作元认知知识的研究，笔者把写作策略分为四大类（表7-1）：准备策略、草稿策略、修改策略和监控策略，然后，每个大类策略又分为若干小类。

表7-1 写作策略分类

四大类写作策略	具体策略
准备策略	构思策略
	拟提纲策略
	自由写作策略
草稿策略	尝试不同表达策略
	回读策略
	翻译策略
	背诵模仿策略
	词汇选择策略
	语篇组织与衔接策略
	修辞策略
	迁移策略
	快速写作策略

① 原来论文发表时翻译为“帮助来源层”

续 表

四大类写作策略	具体策略	
	母语回避策略	
修改策略	边写边改策略	
	段落调整策略	
	词汇拼写策略	
	增删内容策略	
监控策略	局部监控策略	评价策略
		提问策略
		联想策略
		判断策略
		选择策略
		推理策略
	宏观监控策略	读者意识策略

（一）写作策略之间的关系和功能

在计划构思过程中，自由写作策略等构思策略确定写作内容，拟提纲策略确定安排和组织内容的顺序和技巧。在转化翻译过程中，草稿策略（如尝试不同表达策略、背诵模仿策略、修辞策略）把要表达的内容有效准确地形成书面文字。在修改校读过程中，修改策略对已经形成的文字进行校读和评价，然后增删内容，调整语段，订正错误。监控管理过程贯穿整个宏观写作过程。监控管理过程决定各个局部写作过程的组织和顺序，管理和协调各种不同写作过程和写作行为，是一个关键的写作管理与监控过程。各写作模式都认可监控管理过程的监督和修正功能的重要作用。监控策略监控和管理宏观写作过程中构思、创造、草稿、修改和校读等写作行为；监控策略所作出的评价使得写作过程得以优化。局部监控策略调控写作过程中各种局部写作过程的顺序（如制定目标、产生和组织内容、书写、修改、阅读等），管理和监控各种心智活动，激发复杂的写作策略，控制大量的限制和阻碍。宏观监控策略协调整个写作过程中各种心理活动以及复杂的局部写作过程，如读者意识、写作环境意识、构思内容、书写草稿、评价写作内容、重新组织修改作品、界定文章的性质、目标和交际功能等。准备策略决定要表达的思想内容和语用环境；草稿策略把要表达的思想内容形成书面文字；修改策略提高语篇的质量；监控策略发挥中心协调者的功能，其他策略，如评价、修改、转写、翻译，以及作者的写作行为，都受到监控策略的监控和管理。在监控策略的监控和管理作用下，各个策略随着写作过程的变化而启动或暂停，形成写作策略功能的动态变化。

（二）写作策略功能的动态过程解释

在写作过程中，写作策略的选择和使用随着写作过程的变化而变化。比如，写作前使用计划策略和构思策略，写作时使用补偿策略、简化策略，修改阶段则使用不同的修改策略。监控策略则负责监控并发现写作中的困难，寻求解决问题的方法。于是，监控策略的使用激活新一轮的构思和计划，启动补偿和修改等策略的使用。因此，写作过程不是线性推进的模式，写作策略的使用也不是线性的，而是循环往复的认知和决策过程。

关于人类认知方式的连通主义理论为解释写作过程中复杂的认知特点、写作策略之间的相互关系以及写作策略的动态工作程序提供了理论依据。根据连通主义理论，人类大脑有巨大的多层次信息并行处理能力。在信息处理过程中，即使一个信息单位不准确或模糊，大脑并行处理信息的能力允许人们根据相近的和相联系的信息做出判断和决定。另外，在信息处理的过程中，不同层次的信息处理系统具有动态性和互动性。低层次的信息处理和高层次信息处理的激活相互影响，比如，图式和命题的处理激活口头和笔头的表达；命题和句子的产生启动文体和修辞信息的处理；句子层面的表面处理和抽象概念处理之间存在着密切互动的作用（Friedlander 1996；程琪龙 2003：72）。

因此，在写作过程中，既有宏观策略的监控与协调，也有不同策略选择的动态变化，以及不同写作策略之间的相互作用，影响写作过程和写作质量。监控策略和其他写作策略在不同的层面同时发生。监控策略对写作过程的评估、监控、管理决定写作策略的选择。在准备阶段，监控策略检测到语篇计划中的问题，激活修改策略，重新进行准备策略。在草稿阶段，监控策略诊断到写作成品的错误，则激活修改策略并对草稿策略进行调整，更正所写的作品，比如，具体的背诵策略、语法策略、替换策略。如果在词语层面监控策略诊断到学习者不确定或没有储存特定的词汇单位，他们能够通过词汇选择策略、回避策略得到补偿，学习者大脑中已经激活的图式或概念结构会提供一个同义结构或者一个回避说法去代替缺失的词汇单位。如果在修改校读阶段监控策略发现语篇的内容不连贯，段落安排不合理，则激活修改策略，启动准备策略、草稿策略和其他的语篇策略重新调整语篇结构和修辞。

三、影响写作策略选择和使用的因素

（一）语言水平

在写作过程中，监控策略的选择和使用具有显著的语言水平差异。高水平者对于语法和拼写等认知活动的监控比低水平者要弱。在修改和草稿策略方面，低水平者的局部修改与认知活动较活跃。在语篇的处理层次上，高水平者更加注重语篇的连贯与衔接。低水平者只注重把任务完成，不关心文章的语言和内容。在修改过程中，高水平者注重语言的质量，而低水平者只重视语法的正确与否，因为高水平者在写作的过程中有足够的时间去考虑文章的内容和语言的质量，低水平者由于语言水平的低下不可能有足够的时间和精力去考虑除了语法和拼写的其他方面问题。另外，低水平者比高水平者更多使用母语策略（杨淑娴 2002；Friedlander 1996；刘东红 2003）。尽管语言水平影响写作策略的使用，但是，写作策略对于二

语写作的影响高于二语水平对二语写作的影响（Sasaki 2002）

（二）写作者自身的因素

第一，性别因素：写作过程中的策略使用具有显著的性别差异。比如，男性使用母语策略比女性多，女性使用监控策略较多，监控意识比男性强（刘东红 2003）。

第二，动机和情感因素：积极的写作动机促使写作者主动使用修改策略和监控策略，努力提高写作质量。如果写作者情绪积极，对于写作主题非常熟悉或者喜欢写作，则产生积极的写作体验。他们则思维活跃，思路清晰，积极地写作和修改文本。如果写作者对主题不熟悉或不喜欢写作，他们的写作目的只是完成任务，那么，他们就会觉得写作过程充满焦虑和痛苦，导致写作过程不顺畅，更多时间和精力被用在构思和对内容的局部监控，修改策略减少。

（三）写作情景

写作情景的不同影响写作策略的选择和使用。比如，在自由写作的情况下，写作者可以有很大的自由空间，他们则思路开阔、富于冒险、无拘无束，写作的流畅性很高。在考试的时候，写作任务对表达内容和形式有严格要求，写作者使用监控策略和修改策略的频率提高，使用构思策略的频率降低，因此，写作流畅性受到阻碍，内容生成和写作的创造性受到抑制。另外，读者意识、写作任务难易程度以及老师要求的不同会导致写作者对自己的要求发生变化，影响监控内容的变化，也影响其他策略的选择和使用，对写作质量有一定影响。

（四）母语写作水平

学习者的母语写作水平能预测其英语写作水平的高低（马广惠、文秋芳 1999），也影响他们的写作策略的选择和使用。研究发现，积极的母语写作策略可以迁移到外语写作过程中，提高学习者的外语写作水平；同时，通过翻译和改写策略，学习者可以把高水平的母语写作文本转化为目标语文本，在词汇、内容、表达技巧和修辞手段方面提高外语写作的质量。但是也有相反观点，比如，Whalen & Menard（1995）认为母语写作水平并不能预示二语写作水平和质量。其实，两种矛盾的观点之所以产生是因为持反对观点者忽视了灵活合理使用母语策略的原则。灵活恰当的母语策略会有效地把母语写作技巧迁移到外语写作中，而直接把母语翻译成外语文本则对外语写作文本的语言、内容、结构产生负面影响。如果学习者能使用监控策略，监控和抑制母语负迁移，那么则促成母语写作水平正迁移（刘东红 2003），提高外语写作质量。如果不能恰当使用母语策略，比如，逐字逐句翻译母语写作文本，则可能导致高水平的母语文本被转换为低质量的外语文本。

四、写作策略和写作水平的关系

（一）准备策略

准备策略对于提高写作质量具有积极作用。比如，高水平二语写作者使用构思策略较多（杨淑娴 2002）。因为，内容构思和写前准备活动的增加有利于确定目标设定和文章主题，同时，文章的整体结构和相应的表达方式也更加明确。因此，在草稿过程中，要节省更多时间分配给监控策略，增加对语言的推敲和选择，提高写作质量和写作流畅性。

（二）草稿策略

在草稿过程中，使用恰当的草稿策略有利于提高写作效率和写作质量。比如，语篇策略有利于提高语篇的衔接和连贯；修辞策略和词汇选择策略有利于增加词汇量和文章长度，提高语篇的语言质量（刘东红 2003）；使用母语策略可以增大文本的词汇量，提高文章的内容质量；把外语文本翻译回母语则有利于内容的修改和文章结构的调整。当然，母语策略也有弊端，比如，由于翻译技巧的问题导致外语文本的语法和表达的准确率降低。另外，在草稿过程中使用各种策略要有灵活性和针对性。过度关注写作的形式则会抑制有效的写作策略的发展。只有使用恰当的写作策略才能更好地监控所写的内容和形式，保证写出更高质量的作品（Richards 2002）。

（三）修改策略

修改策略的选择和使用具有显著的写作水平差异。低水平写作者使用修改策略频次较多，主要表现为写作过程中停顿较多，写作过程不流畅，思路不开阔，文章内容空洞。低水平写作者的修改策略更加注重句子结构和单词拼写，纠结于内容添加和取舍。这种局限于单词和句子层面的修改对于提高文章质量的效果并不显著。而高水平写作者更加注重宏观层面的修改，比如，语篇结构、文章内容、表达的准确性以及表达的技巧。而且高水平写作者修改文章的时候关注面广，比如，既有语篇结构，也有微观的单词拼写和修辞手段的选择。

（四）监控策略

监控策略的使用与写作水平相关。高水平写作者和低水平写作者使用监控策略不尽相同。高水平写作者使用监控策略更加灵活，能有效地监控整个写作过程。因此，高水平写作者能更加合理地使用不同的写作策略，均衡写作活动，并且能充分利用自己的特长，提高写作效率和写作质量。而低水平写作者不能很好把握宏观写作过程，不能均衡使用各种写作策略提高写作效率。比如，准备策略使用过少，目标设定模糊，不能从宏观上把握写作策略的使用和选择。在写作过程中，注意力局限于词汇提取和选择，忽视写作的内容和结构，会导致作品结构零乱，内容不连贯，降低写作质量。

五、优化写作策略，提高写作质量

在外语写作教学中要注重写作策略培训。第一，提高学习者的写作策略意识和策略水平，可以使他们更有效地监控和管理写作过程，优化写作策略，减少写作失误，提高写作效率和写作质量。第二，提高学习者的策略意识和策略水平可以使学习者更好地认识写作过程和自我认知能力，从而更好地监控和协调写作过程和自我认知。

开展写作策略培训应当基于对每个学习者的特长和弱点的诊断，然后才能进行有针对性的策略培训。因此，教师要了解学习者熟知的并能够有效使用的写作策略，然后，基于学习者当前的策略水平，培训他们使用写作策略的能力。培训内容应当符合学习者的实际情况，不能与学习者的期望和实际能力相差太大，否则就会降低他们的学习动机，不能达到培训的效果。另外，学习者本来也可能在意识上、语用上、动机上反对某种策略，因此，要了解学习者的实际情况并尊重他们的认知能力，这样才能更好地进行写作策略培训。

写作教学中要重视学习者的监控策略意识。在写作过程中，监控策略占有重要的地位，因为监控策略监督和协调整个写作过程的认知活动，为其他策略提供必要的前提条件。写作者要有良好的监控策略意识，才能调控和选择恰当的写作策略，扬长避短，优化写作过程，提高写作质量。

第八章 隐喻意识、隐喻能力和二语习得

一、隐喻意识和隐喻能力

长期以来，隐喻被当作一种修辞格，是一种与语境有关的语用现象。随着隐喻研究的不断深入，人们对隐喻有了新的认识，认为隐喻也是一种认知现象（李鑫华2000；束定芳 2000）。作为语用现象，隐喻普遍存在于语言的世界。Lakoff & Johnson 的统计表明，70%的日常表达来自隐喻；Derrida认为隐喻是语言系统的标志，是人类普遍的认知活动和交流活动；Ortony认为所有的语言本质上都是隐喻的（王寅2001）。从修辞的角度看，隐喻的功能是把表述某一种事物的词或词组用来表述另外一种事物，用形象化的语言代替非形象化的语言。因此，隐喻能创造新鲜而准确的表达方法。从认知角度来看，隐喻是从一个概念域投射到另一个概念域的概念的映射；隐喻意义是源域事物的部分特征被投射到目标域的结果。不论是用一个词语代替另一个词语还是一个概念域向另一个概念域的映射，隐喻的使用意味着从新的视角看待原来的问题，是创造性地使用语言，体现了创造性思维。

近年来，国外一些应用语言学家和外语教师开始把认知语言学领域对隐喻的研究成果应用于外语教学。其中Marcel Danesi提出的隐喻能力这个概念具有开创性意义。隐喻能力是指在写作和说话中创造和理解新的隐喻的能力，是语言能力的特征之一（沈育刚2002；姜亚军、张辉2003）。此外，隐喻也是一种交际策略，凭借这个策略，交际者使用概念形象来辅助

交际。因此，培养隐喻能力可以提高二语学习者的交际策略的水平，从而提高他们的二语交际能力（Littlemore 2001）。研究表明，提高学习者的隐喻能力，有利于他们理解语言的内在联系、表达和思想之间的逻辑关系，以及认识交流的心理过程，从而提高他们的语言能力和交际能力（王寅2001）。

二、隐喻的创造性特征

隐喻的生成性或创造性使得隐喻对于外语教学具有积极的意义（赵彦春2003；陈海燕2003）。Lakoff把隐喻分为三种，即结构隐喻、方位隐喻和实体隐喻（赵艳芳2001）。我们以结构隐喻为例，分析隐喻的生成性或创造性，讨论隐喻对外语教学的积极作用。

结构隐喻是指以一种概念的结构来构造另一种概念的结构，把用来谈论一种概念的各方面的词语用于谈论另外一种概念。比如，以TIME IS MONEY这个隐喻为例。MONEY是源概念域或源概念结构，MONEY的各种特征，比如，质地、功能、数量等构成它的概念体系或概念结构。隐喻地使用MONEY指代TIME的时候，我们就是在把MONEY的概念结构投射到TIME，使得两种概念结构相叠加。那么，MONEY的概念就可以被用来指代TIME，因此，用于谈论MONEY以及和MONEY有关的所有词语都可以用于谈论TIME或者和TIME搭配，比如，save，spend，give，use，waste，cost等。于是，关于TIME可以有如下的创造性地表达：

This gadget will save you a few hours.

He has spent too much time on his hobbies.

Can you give a few hours to your son's study?

We should use our three days on the farm effectively.

That boring lecture wasted our precious twoweeks.

The homework almost cost me a day.

上述例子表明，通过把用于MONEY金钱概念域的表达方式投射到

TIME 时间概念域，原来没有和时间概念搭配的表达方式被应用到表达时间概念的框架。源域概念或概念结构被投射到目标域概念或概念结构，因此，源域概念被赋予（或者生成）新的概念结构，从此产生新鲜的创造性的表达，体现了隐喻的创造性。因此，借助概念结构的投射，隐喻的创造性得以实现，从而产生新鲜而又贴切的表达方式。

隐喻的创造性有利于化解交际过程中的困难。隐喻是一种与语境有关的语用现象。隐喻的理解和隐喻的使用都与具体的语境有关。在交谈中，如果遇到比较难的表达方式，或找不到词语来表达时，人们就可以用隐喻策略，扩大现有词汇的使用范围，把与源域概念相关的词汇投射到目标域概念，以确保流畅有效的交流。因此，使用隐喻可以帮助人们流畅表达感受到的信息，特别是难以表达或者不可能表达的信息（王寅 2001）。当因为词语不足而阻碍交流和表达的时候，人们通常要使用这种转换手段，避开词汇选择的限制以保障交流的顺畅。因此，字面表达的困难激活了隐喻的使用，而隐喻的使用则可以消除人们感知的经验和用于表达的词汇之间的距离。比如，“The thought slipped my mind like a squirrel behind a tree.”很好地表述了瞬间遗忘的心理状态。因此，我们也可以说隐喻就是一种交际策略，帮助人们通过间接或者回避的方式解决交际中的困难，保障交流的顺利进行。

三、写作课上的实验：隐喻在外语教学中的应用

目前，关于隐喻在外语教学中的应用研究多从认知的角度探讨隐喻意识对于语言的理解和词汇的学习的影响，比如，提高隐喻意识能促进英语介词短语和短语动词的学习，提高学习词汇的效率（王寅 2001；沈育刚 2002；赵彦春 2003），有益于对语篇的理解和阅读能力的提高（袁玲丽 2003；冯晓虎 2004：238）。从交际和语用的角度开展对隐喻的研究，探讨隐喻在语言输出方面的影响，此类研究比较少。

隐喻的创造性在表达和语言输出中具用积极的作用。在外语教学当

中，如果有意识地培养学生的隐喻意识和隐喻能力，鼓励他们在表达中如果遇到了困难，可以通过使用隐喻或者比喻等间接表达的策略避开它，保证语言表达的流畅，则学生的自信心和语用能力会有很大的提高。基于这些分析，我们产生如下假设：如果在写作和口语表达的过程中，特别是口语表达中，尝试用隐喻的方法去表达是否有利于提高学习者的表达能力？使用隐喻是否使得学习者的写作和口语更加流畅？

基于上述假设，笔者曾在英语写作课上做过实验，让学生有意识地使用隐喻，发现有一定的效果。比如，在涉及比较抽象的话题“What's your understanding of optimism?”时笔者鼓励学生用隐喻表达，有的学生就写出来很好的句子。比如，“Optimism is a kettle of boiling water. Although the bottom is burning it is still delightfully whistling.Optimism is the runner who runs the second though still thinks the number one dare not slow down a little.”。

实验结束之后，笔者调查学生对使用隐喻进行的写作实验的感受和态度。他们反映使用隐喻可以增加文章语言的美感，但是很难使用或创造自己独特的隐喻性的表达。他们反映要花很长时间才能想出来隐喻的表达。这和我们教学中缺乏应用隐喻的训练有关。缺乏应用隐喻的训练有如下原因：第一，教师忽视隐喻在外语教学中的积极作用；第二，缺乏比较切实可行的训练隐喻能力的方法和教学材料。如果提高了教师对于隐喻在外语教学中的作用的认识，并且有好的教学材料和培训方法，培养学生的隐喻意识和隐喻能力可能会更加容易和有效。第三，训练学习者使用隐喻在实践上确实有很大的难度。要想培养学生的隐喻意识和隐喻能力，教师的教学需要有想象力和创造性，这样才能激发学生的想象力和创造性。教师在平时的课堂上可以穿插讲解一些词的隐喻意义，并鼓励学生尝试在写作文或口语中用隐喻。经过课堂上的讲解和课后的练习，学生可以掌握在写作文中用隐喻的技巧或策略。当他们在作文中不知不觉使用一些隐喻的表达方式，为文章增色的时候，隐喻策略也会提高他们口语的流利性。

隐喻有利于保证表达的流畅性，也有利于提高作文内容构思的效率，对作文质量的提高具有积极影响。比如，隐喻使用次数与英语作文词数呈现正相关关系（r=0.726，p=0.000），隐喻使用次数与英语作文成绩呈现正相关（r=0.535，p=0.001）（苏慧慧 2013），表明使用隐喻有利于构思作文内容。陈姣（2015）考察了初中生汉语作文成绩和隐喻能力之间的关系，发现中学生隐喻能力与写作水平正相关（r=0.606，p=0.000）。因此，使用隐喻对于母语写作和二语写作都具有积极影响。隐喻的使用不仅对语言表达、作文长度与质量都有重要影响，而且也影响作文的结构，具有建构连贯语篇的积极作用（张玉蓉、孙燕 2016；洪牡丹 2014；陈娇 2015）。因此，通过隐喻策略的培养有利于提高学生建构连贯语篇的策略和技巧。

四、使用隐喻策略促进二语学习

从认知角度来说，二语习得是学习者运用学习策略，发展二语知识系统并在交际中运用该系统的心理过程。通过使用学习策略，学习者提高语言实践的效率，促进建构二语心理语法，并依靠所建构的心理语法规则来解释并指导语言输出。外语学习者在心理语法的指导下构建自己的语言。学习者语言既不同于母语，与目标语也有差异，被称为中介语。中介语具有系统性、动态性和易变性（Ellis 2000）。这种语言系统的语法规则相对于目标语规则来说可能是错误的，然而却能指导着学习者运用目标语进行交流。随着二语学习者对目标语的学习不断深入，他们不断反思他们的心理语法，修正和重构中介语规则，使得该规则越来越接近目标语规则，更加符合二语习惯。Selinker 区分了中介语建立过程中的五个主要的认知过程：①语言迁移；②语言迁移训练；③二语学习策略；④二语交际策略；⑤目标语材料的过度总结。

这些认知过程反映了在建构中介语的过程中，学习者一直都在有意识地运用已有的语言知识和经验促进二语学习的效率。学习者利用学习策略，创造性地运用语言，并不断检验语言输出和语法规则，修正错误，使得他们的中介语接近目标语。

创造性地使用隐喻来表达与中介语系统建构过程中所强调的尝试与创

造是一致的。使用隐喻是学习使用外语进行交际的有效策略，是建构和发展中介语的一个手段。在语言习得过程中，儿童通过使用借代、隐喻和提喻，扩大熟悉的已知词语的用法去应对不断增长的交际的需求，表达他们越来越复杂的需求和想法（Littlemore 2001）。当他们的隐喻表达越来越少的时候，比如，他们说 “The water in the bottle is boiling.” 而不是 “The kettle is singing.” 这表明他们的语言能力已经发展了。二语学习者在语言习得中用同样的语言学习策略和交际策略。对于二语学习者来说，隐喻是一种交际策略，也是一种学习策略。它能缩短提取词语去表达概念的时间，使得交流更流畅，从而增加了语言实践的机会。随着语言实践频率的增加，学习者的语言能力得到更多的锻炼和发展。培养学习者隐喻能力，鼓励他们使用隐喻策略去提高表达的流畅，就是为了增加他们语言实践的机会，提高二语学习的效率。另外，培养学习者隐喻能力就是培养他们发现不同事物之间的相似性的能力，这样他们就能把两个不同认知域的知识或经验进行有意义的结合，由创造性的扩大词语使用范围，逐渐过渡到创造性地使用隐喻。隐喻能力的提高是一个逐步积累的过程，可以通过有意识的指导和练习来培养，也可以在外语教学中有意识地进行隐喻知识介绍，提高学习者的隐喻意识和隐喻能力。外语学习者隐喻意识提高后，他们会使用这种技巧来促进他们的二语交际和二语习得。

五、结　语

使用隐喻是一种有效的二语学习策略。在外语教学中，要注重隐喻意识和隐喻能力的培养，鼓励学习者积极进行语言实践。充分的二语实践使得学习者更好地理解二语规则，认识并修正他们的语言错误。随着中介语中错误的减少，他们越来越接近二语习得。因此，在外语教学中注重隐喻意识和隐喻能力的培养有利于提高外语教学效果和外语学习者语言应用能力。

第九章　写作策略对二语写作过程的影响

一、引　言

写作策略是指写作方法的选择和使用以及为了完成写作任务所采取的步骤和方法。在二语写作中，写作策略能够克服语言障碍，提高写作水平、写作效能感以及写作动机（Whalen & Menard 1995；赵江葵等 2012），然而，由于写作环境和二语水平的影响，写作策略也可能降低写作的流畅性、语法正确性和写作内容的质量（Kobayashi & Rinnert 1992）。可见写作策略对二语写作的影响比较复杂，因此开展写作策略研究是十分必要的。

写作策略更接近于学习策略，是一个策略系统，其中的各子系统之间存在监控、管理的关系（文秋芳 2004：47–59；朱晓斌 2007：173–177）。策略被监控、管理、选择都基于写作者对策略和写作过程的意识和判断。因此，作为认知心理机制的有意注意要介入和协调这些方法或者步骤的使用。并且，从认知心理的角度研究有意注意、写作策略和写作过程的关系，可以揭示写作策略的选择和使用怎样动态影响写作过程，即“均衡”写作过程，有利于深入认识写作策略对二语写作的效用及影响。

二、从认知心理视角看写作策略对写作的影响

（一）写作是内在认知过程

认知观的写作理论认为写作活动包括控制层、过程层和资源层[①]（Flower & Hayes 1981；Chenowith & Hayes 2001）。写作过程是一个复杂的“内在认知过程”（修旭东、肖德法 2004），由内在目标确立、言语加工、内在加工输出组成。“内在目标确定”构思写作内容；“言语加工”用语言组织和呈现构思的内容；“内在加工输出”用语言形式表达思想内容。写作过程中的提议、翻译、修改和转写等环节属于内在加工过程。接受任务，构思内容并转为语言是内在目标确定过程。语言表达经过修改和转写，形成书面文本是内在加工输出过程。

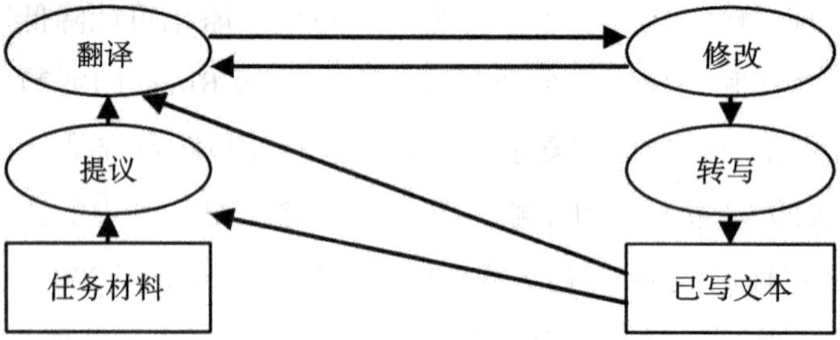

图9–1 过程层面中的写作流程（Chenoweth & Hayes 2001：84）

（二）二语学习中有意注意的监控

Krashen 的监控模式指出语言知识监控语言输出，与语言习得无关。然而，明示的语言知识的获得和语言形式的监控必须依靠有意注意。Anderson 的顺应—控制模式（ACT模式）认为，语言习得过程中对语言形式的注意和监控程度逐渐降低，最终消失，语言实践由可控阶段发展到自动化阶段。McLaughlin 的信息处理模式认为，语言学习是通过不断调节语

① 原来论文发表时候翻译为“控制层面、过程层面和素材层面”。

言处理过程中认知活动各要素而建构最佳语言处理程序，使语言产出和理解从受控处理发展到自动化处理，注意和监控则退出语言过程（任庆梅 2009：24–31）。尽管语言学习过程中有意注意总体趋向于降低或消失，在学习初始阶段，协调、融合和重组认知活动各要素仍需有意注意，在语言使用的熟练阶段也无法完全摆脱有意注意。随着语言熟练程度提高，学习任务更加复杂，处理信息更加多元，熟悉内容交由自动处理（王初明 2003：137–140），而生疏复杂的内容则需受控处理完成。因此，有意注意的监控仍然参与语言学习和语言使用。

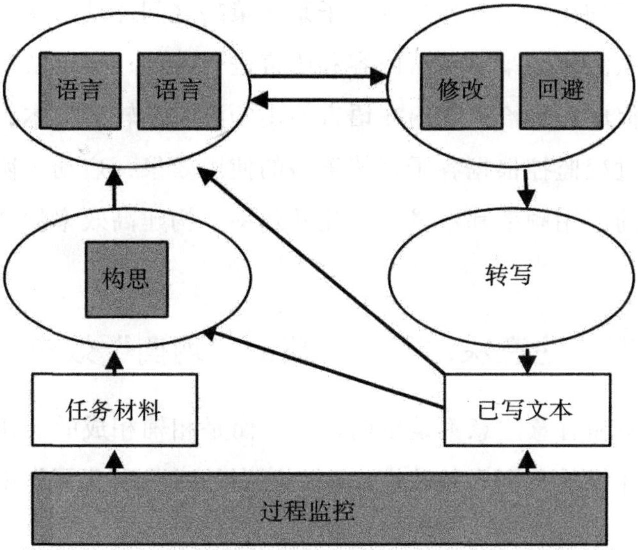

图9–2　写作过程中的写作策略

（三）写作策略"均衡"二语写作过程

有意注意影响二语写作效率和写作水平。比如，对词汇、语言形式和语篇的注意越多且注意的质量越高，二语写作水平提高越明显（刘思雯 2008）。在构思阶段，扩大注意范围，并能解决更多注意到的问题有利于提高写作水平（Qi & Lapkin 2001）。在写作过程中，均衡注意内容、结构、语言、意图和程序，有提高二语写作效率的功能（孙鑫等 2008）。这些发现表明，在写作过程中写作者要注意自己的写作活动，监控、协调写作活动，并且积极调整注意的范围和内容，才能构建“均衡”写作过程，提高写作效率和写作水平。

而构建“均衡”写作过程就必须利用写作策略，调节和监控写作过程的“意识”或者“有意注意”，提高写作效率。因为有意注意的容量有限性（桂诗春 1997：94–98），写作策略可以监控和选择要注意的目标和范围，提高短时记忆的信息处理效率。因此，“均衡”的写作过程实则基于策略的选择。

在写作过程中，过程监控管理和协调子系统策略的选择和应用（图 9–2），构建“均衡”的写作过程。子系统策略之间互动，构思策略生成主题和内容，激活评估策略针对内容和语言进行评估；而其结果诱发修改和回避策略，促成连贯恰当的内在语言输出和满意的转写文本，完成写作过程。同时，过程监控根据各子系统策略的使用效果，启动、协调和分配各子系统策略的使用频率和数量，优化其效率，构建高效率的“均衡”写作过程。

（四）有意注意决定写作策略的“均衡”效应

写作策略和有意注意不是单向作用，而是相辅相成的。比如，监控策略调整有意注意的范围和关注点，而关注点的变化引起写作策略选择的变化，以顺应兼顾语言形式和内容的要求。在构思和语言输出环节，有意注意激发语言评估、内容评估和过程监控的策略，对语言、内容和过程的评价、判断，促使写作者选择恰当的构思、修改、回避策略。完成任务后，对文章中的语法和拼写的关注则启动相应的修改、回避和构思策略。另外，有意注意的选择性（桂诗春 1997 ）启动策略的选择和协调，导致写作策略之间的折中效应（trade-off effect）。概括地说，写作策略调节有意注意的关注点，而关注点的变化联动策略选择变化。

三、研究设计

（一）研究问题

根据上述分析，本章提出以下研究问题：①写作策略和写作水平之间有什么关系，即写作策略是否影响写作水平？②如果写作策略通过“均衡”写作过程而影响写作水平，那么影响构建“均衡”写作过程的关键是什么，即有意注意是否介入写作过程，影响写作策略选择？

（二）研究工具

本研究采用写作策略调查问卷以及英语作文试卷两种测量工具。写作策略调查问卷，根据相关研究（O'Malley & Chamot 2001；吴红云 2006：240–244）设计了40个问题。问卷采用五级Likert量表表示策略使用的频率（1=从不，2=很少，3=有时，4=经常，5=总是）。英语作文试卷的题目为“My View on College Education”，试卷采用百分制计分。所得数据用SPSS 13.0分析。

（三）问卷结构分析、因子抽取和命名

探索性因子分析结果显示KMO=0.74，Bartlett's球形检验结果显著（X^2=1040.53，df=406，p<0.001），表明可以进行因子分析。删除低于2个变量的因子和载荷数低于0.3的变量，抽取6个因子，29个变量，方差贡献率为59.11%。问卷总体信度系数α=0.93，问卷的内在信度较高，调查结果可以接受（表9–1）。抽取因子命名为：过程监控策略、修改策略、回避策略、构思策略、语言评估策略和内容评估策略。

表 9-1　写作策略分类和问卷信度

项　目	项目个数	Cronbach a 系数
过程监控	7,12,13,14,18,19	.854
语言评估	1,2,3,4	.748
内容评估	33,36,37,38,39,5	.862
构思策略	28,29,32,34	.599
回避策略	10,11,15,16	.584
修改策略	20,22,23,24,25	.789

（四）调查对象和数据准备

调查对象为某工科院校两个自然班的90名非英语专业二年级本科生，时间为2010年5月份，问卷调查和写作在上课时间进行，时间为80分钟。作文采用整体评阅方法，由两名英语教师批改（$r=0.78$），用两个成绩的平均数作为作文的最终得分，最后得到用于分析的有效问卷61份。笔者将研究对象分成高、中、低三个水平组，本文只分析高水平组（76分以上）和低水平组（65分以下），其中高水平组15人，低水平组16人。

四、结果与讨论

（一）写作策略和写作水平的关系

由表9-2可见，首先高水平组使用策略频率均高于低水平组，而且两组学生在过程监控（$t=3.31$，$p<0.001$）、语言评估（$t=3.58$，$p<0.001$）和内容评估（$t=2.15$，$p<0.05$）策略方面具有显著差异。过程监控在写作过程中注意“短语的使用（7）”“内容的深度（12）”“内容的新颖性（13）”“内容的连贯（14）”“结构的条理性（18）”和“文章的分段（19）”等。过程监控不仅把握宏观结构，也注意语言、内容和形式，因此，“均

衡”注意关注内容，提高写作效率。语言评估关注“语言流畅（1）”“句式变化（2）”“用词准确（3）”和“用词富于变化（4）”等，保证语言质量。内容评估注意“作文条理清楚（33）”“主题突出内容充实（36）”“内容逻辑性（37）”“内容新颖（38）”“思想深刻（39）”和“内容真实、感情真挚（5）”等，保证内容的质量。因此，过程监控、语言评估和内容评估共同发挥监控和协调的功能，保证局部调整和宏观写作过程兼顾，“均衡”注意的目标，从语言形式和思想内容方面保证写作质量的提高。

其次，构思策略使用方面，高水平组和低水平组没有显著差异（$t=0.48$，$p>0.05$）。构思策略强调在构思阶段探索写作内容，关注“审题构思、探求主题（28）”“自由写作、探索内容（29）”“从读过的文章寻找灵感（32）”和“计划好主题（34）”等。由于限时的压力，学生不能“自由写作”，也不愿意在开始阶段花大量时间考虑主题和内容，而是尽快完成写作任务，因此，不同写作水平组没有体现出构思水平差异。

表9-2　高水平组和低水平组写作策略使用差异

		N	Mean	StdDev	t	p
过程监控	高水平组	15	3.3333	.82616	3.311**	.002
	低水平组	16	2.5000	.55777		
语言评估	高水平组	15	3.8833	.35187	3.580**	.001
	低水平组	16	3.0313	.85574		
内容评估	高水平组	15	3.6222	.60902	2.147*	.040
	低水平组	16	3.1042	.72489		
构思策略	高水平组	15	3.6667	.69864	.476	.638
	低水平组	16	3.5469	.70249		
修改策略	高水平组	15	3.6000	.76345	1.717	.097
	低水平组	16	3.1250	.77589		
回避策略	高水平组	15	3.7667	.45774	.811	.424
	低水平组	16	3.5781	.78379		

注：*p<0.05，**p<0.01，***p<0.001，下同。

再次，高水平组和低水平组在修改策略使用上差异同样不显著（t=1.72，p>0.05）。本研究中学生修改策略关注“删除与内容不一致的句子（20）”“修改单词拼写错误（22）”“修改句子结构（23）”“使用修辞手段（24）”和“使句子连贯，增加关联词（25）”等。两组都同样侧重语言修改，关注语言的准确和连贯，忽略文章内容和宏观结构，因此修改对作文质量影响不显著。

最后，由表9-2还可看出，高水平组和低水平组在回避策略使用上没有显著差异（t=0.81，p>0.05）；但是高水平组和低水平组回避策略得分（3.77和3.58）显著比其他策略高①。娄宝翠（2001）发现英语作文中造词现象具有“阈限效应”。在中等或中上等水平（6–13分）的CET4作文中造词现象无明显差异，而在非常优秀（14–15分）的CET4作文中造词现象大幅度下降。王金巴（2010）发现大学生英语作文中回避策略和英语水平显著负相关。在本研究中，学生的作文成绩为中等或中上等水平（平均分为70.60，相当于CET4作文的10.59分）②，因此，“阈限效应”使得回避策略被普遍“超用”，导致两组之间没有显著差异。

（二）写作策略“均衡”写作过程的关键：有意注意的介入

表9-3　过程监控和写作策略的关系

	过程监控与修改策略	过程监控与内容评估	过程监控与语言评估	过程监控与回避策略	过程监控与构思策略
相关系数	.526**	.338**	.136	.355**	.494**
P值	.000	.008	.295	.005	.000

如表9-3所示，过程监控和修改策略（r=0.53，p<0.001）、内容评估（r=0.34，p<0.01）、回避策略（r=0.36，p<0.01）以及构思策略（r=0.49，p<0.001）的使用均呈正相关，这表明有意注意在介入并且影响构建“均

① 括号内数字表示该策略使用频率，各策略得分是调查对象在各因子上得分的平均值。

② 本研究中作文是课堂限时作文，满分为100分。

衡”的写作过程。写作者如果注意监控写作过程，则会提高策略使用的量和使用效果。在写作过程中，尤其在内在语言加工环节，写作者如果关注写作过程，则会更加注意写作内容、写作质量和写作效率。他们既要注重速度也要看重质量，既关注语言形式也关注表达内容，从而提高写作的效率和写作水平。因此，只有对内容、形式和写作效率都注意和兼顾，才能构建“均衡”的写作过程，写出高质量的作文。

但是，过程监控和语言评估（$r=0.14$，$p>0.05$）之间无显著相关。这可能一方面是因为写作水平或者语言水平比较低，又有时间限定的压力，写作者无暇过多考虑语言的形式；另一方面，过程监控更多关注宏观写作过程，调整有意注意关注的范围和目标，对局部的语言形式可能注意较少。所以，在本研究中，由于写作限时，写作者为了提高效率，宁愿牺牲内容和质量，结果出现“用同义词替换难词（3.90）”和“用简单句替换没有把握的句子（3.87）”使用最多；而“使用修辞手段（2.73）”和“内容的深度（2.97）”使用最少。这是因为有意注意的选择性和有限性，对策略、内容、质量和写作效率的注意肯定会有一定的差异和变化，从反面证明有意注意介入的效用。

总之，正是因为有意注意的介入，写作策略才能为“均衡”写作过程起到积极作用，对写作过程的注意使得写作者尽可能兼顾形式和内容，监控局部语言和宏观写作过程，及时调整关注点，优化时间分配和策略的选择，发挥策略优势，“均衡”写作过程，使得有限资源的效益最大化 。

五、结　论

写作策略影响写作水平的关键在于写作策略调节和监控写作过程，合理调用与操控写作策略，“均衡”写作过程，提高写作效率。对内容和形式的注意，对内在目标确定、言语加工和内在言语输出的“均衡”关注促使作者对写作策略和关注焦点进行及时调整，保证语言输出的高效率。反之，忽视宏观写作过程，不“均衡”使用策略，则造成偏重内容或形式，注意关注点不均衡，容易降低写作效率和写作质量，导致策略发生消极作用。

此外，有意注意介入写作过程，影响策略的选择和“均衡”使用，从而影响写作策略对写作过程的“均衡”。写作者能否从宏观角度把握写作过程，其关注目标是否全面影响写作过程中策略管理、调整及使用效果。因为注意的选择性和有限性，进入注意范围的策略必然此消彼长，产生使用策略的折中效应，从而“均衡”写作过程。

六、启示和不足

在二语写作中，写作策略通过有意注意的介入，监控和协调写作过程，发挥对写作的积极或消极的影响。因此，二语写作教学中可以进行写作策略的培训，提高学习者的策略意识和策略应用能力，对于提高写作教学的效果具有积极意义。

本研究试图从认知心理的角度探讨写作策略对写作过程的影响。由于样本较小，而且研究仅基于问卷调查的方法，对于揭示策略影响的心理过程的探讨缺乏实验数据的验证，因此只是一个探索性研究。如何通过心理实验证实写作策略对于写作过程的影响，这是我们在以后的研究中要努力的方向。

第十章　写作焦虑、写作策略和英语写作的关系

一、引　言

在二语写作教学的研究领域，写作策略受到越来越多的关注。Whalen & Menard（1995）认为写作策略在二语写作过程中扮演着一个重要的角色，影响二语写作水平。写作策略研究以外语学习策略理论为指导，探讨写作策略对于外语写作的积极作用。文秋芳提出学习策略系统论，并指出学习策略系统具有层级性、整体性、动态性和开放性（文秋芳 2003）。写作策略属于外语学习策略系统的子系统，其对外语写作学习与外语写作的影响应结合学习环境、语言水平和学习者个人因素等来分析判定。

目前，外语写作策略研究比较注重语言策略、语篇修辞策略以及认知策略在写作过程中的作用，但是，结合个人因素来研究写作策略对于外语写作水平的影响则重视不够（廖桂湘、甘宇 2007）。研究者认为，加强学习动机、认知策略、学习心理等影响写作的非智力因素的研究将促进我们对写作策略的认识（杨永林 2005）。因此，有必要研究非智力因素或者学习者个人因素怎样影响写作策略在外语写作过程中的作用。写作焦虑、写作动机和认知风格等属于学习者个人因素，我们将讨论在外语写作过程中，写作焦虑和写作策略怎样相互作用，从而影响外语写作过程和写作效率。

二、写作焦虑影响写作过程

写作者的情感因素影响写作过程和写作效果。比如，负面情感因素阻碍写作者对写作过程的管理和控制，影响写作的效果（王俊菊 2006）。写作主体自我感知和评估对于写作水平具有重要影响。比如，消极的体验越多，写作水平越低（吴红云 2006）。写作焦虑是写作过程中写作者所感受的负面情感，对写作水平产生一定的消极影响。研究表明，写作焦虑导致和写作有关的痛苦和对写作过程的厌倦，抑制写作能力的发挥。郑定明（2005）认为作文分数与写作焦虑呈高度负相关（r=-.405），写作焦虑对外语写作质量具有负面的影响，而且大多数的写作者面临着写作焦虑的困扰。唐军俊（2005）的研究表明，写作焦虑影响写作策略的使用，对写作水平具有负面影响。比如，焦虑水平和母语策略的使用呈正相关，高焦虑水平者写作态度消极，不愿用英语而用母语思考。此外，高焦虑水平者对自己的写作内容没有信心，经常回读和修改所写内容，影响写作的流利程度。

既然在写作过程中写作焦虑的水平会激活或者抑制母语策略的使用（唐军俊 2005），而且写作焦虑影响写作者对语言的监控和修改（郑定明 2005），那么，写作焦虑和其他的写作策略之间存在什么关系呢？写作焦虑和写作策略之间怎样相互影响，从而影响写作过程和写作效果？另外，写作焦虑所导致的对语言的关注对外语写作有怎样的影响？对我们的英语写作教学有怎样的启发？基于这些问题，本文将结合写作过程中写作策略和写作焦虑的关系，探讨写作焦虑对英语写作水平的影响。

三、研究设计

（一）研究问题

①写作焦虑和英语写作之间存在怎样的关系？写作焦虑的高低是否影响写作水平？

②写作焦虑是否影响写作过程？写作焦虑和写作策略之间存在怎样的关系？

（二）研究工具和数据收集方法

1.写作策略问卷

问卷的设计借鉴了吴红云（2006）的研究，然后根据实际情况作了调整，内容包括元认知策略、修改策略、构思策略、监控策略（语言监控和内容监控）和回避策略等，共80个问题。写作焦虑问卷借鉴了唐军俊（2005）的Writing Apprehension Test，共39个问题。问卷采用五级利克特（Likert）量表表示策略使用的频率和写作焦虑的水平：1=从不，2=很少，3=有时，4=经常，5=总是。数据收集后，首先进行效度分析，保留效度高的项目（设定a=. 005）用于定量分析。

2.英语作文试卷

题目为“My View on College Education”。试卷采用百分制计分。

3.英语水平测试卷

试卷内容包括：①词汇题。根据汉语意思在横线上填写适当的字母把单词补充完整，共50题，每题1分，单词选自四级考试词汇表。②语法题。共5题汉译英，每题10分。题目来自全新版《大学英语》第一册课后练习。

4. 数据的收集和分析

调查对象为某工科院校两个自然班的二年级本科生，时间为2008年5月，问卷调查和考试在上课时间进行，时间为80分钟。作文采用整体评阅法，由两名英语教师评分（r=0. 85），然后求其平均数作为作文最终得分。英语水平测试试卷由一名老师批改。最后得到有效问卷61份，使用SPSS 13. 0统计和分析数据。

四、结果与讨论

（一）问卷的内在信度

在调查问卷收集和评分之后，对问卷的内在一致性进行检验，结果如表10–1和表10–2。问卷的内在信度较高，调查结果可以接受。

表10–1 写作策略分类和问卷信度

项 目	项目个数	Cronbach a 系数
元认知策略	7,12,13,14,18,19	.854
语言监控	41, 42, 43, 44	.748
内容监控	33,36,37,38,39,45	.862
构思策略	68,69,72,76	.599
回避策略	50,51,52,53	.584
修改策略	60,62,63,64,65	.789

表10–2 写作焦虑维度和问卷信度

项 目	项目个数	Cronbach a 系数
写作态度	83,106,107,108,109,117	.811
作品评价	98,103,111,112,113	.769
自我评价	86,87,93,99,101	.752

（二）写作焦虑和写作水平的关系

表 10-3　写作焦虑和写作水平的关系

	写作焦虑与写作水平
相关系数	-.420**
P值	.001

表 10-4　写作焦虑的三个维度和写作水平的关系

	写作水平与写作态度	写作水平与作品评价	写作水平与自我评价
相关系数	-.466**	-.246	-.242
P值	.000	.056	.060

从表 10-3 和表 10-4 可以看出写作焦虑和写作水平呈显著负相关，对写作具有负面的影响。三个不同维度的焦虑对写作水平的影响也不一样。写作态度层面的焦虑对于写作水平具有显著的反作用，而作品评价和自我评价层面的焦虑对于写作水平的影响则不明显。结合写作焦虑的三个维度的内容描述，我们发现三个维度的写作焦虑对于写作水平的影响明显不同：①从写作态度层面来看，写作时候的“紧张”和时间限制所造成的焦虑对于写作水平具有很大的负面影响。②从作品评价层面来看，外界对文章观点的评价、自己对文章的语言和内容可能出现错误而担忧所引发的焦虑对于写作水平的影响不显著。③从自我评价维度来看，题目熟悉与否，自己对作文内容和水平的评价等因素所诱发的焦虑对于写作水平的影响也不显著。

写作过程中时间压力导致写作者急于完成任务，过分关注时间而产生心理的紧张，从而影响对写作过程的计划和安排。从“来不及认真审题”、“来不及考虑如何安排文章内容”、“来不及写提纲”等有关焦虑的文字描述可以找到依据。因此，写作态度层面的焦虑使得解题立意、生成内容、列提纲写草稿、编辑和修改等写作活动得不到足够的重视；作者对自己的写作活动进行监控和调整被忽视（朱晓斌 2007）。因此，写作焦虑压制了对语言形式和内容的均衡重视，以及对语言和内容的生成和修改，不利于写作水平提高（O'Malley & Chamot 2001）。另外，“担心自己写不出正确的句子”之类的焦虑促使作者对语言形式的过分关注，注意力集中到语言形式的监控和修改，抑制内容的生成和写作流利程度（郑定明 2005），写作效率降低。

（三）写作焦虑和写作策略的关系

1. 写作焦虑与写作策略的相关性

写作焦虑在三个维度上和写作策略分别具有一定的相关性。①从写作态度的维度来看，内容监控以及修改策略和写作焦虑呈明显负相关。②从作品评价的维度来看，构思策略和回避策略与写作焦虑呈显著负相关。③从自我评价的维度看，语言监控和写作策略呈显著正相关。但是，在三个维度上写作焦虑和写作元认知策略没有显著相关性。

2. 写作焦虑对写作策略的影响

结合写作策略的分类描述，可以发现写作焦虑影响写作策略的规律。

第一，在写作态度的层面上，写作焦虑分别与内容监控策略和修改策略呈明显负相关。写作焦虑和写作策略之间的这种关系可能因为写作态度所诱发的时间焦虑会抑制写作者对内容的构思，也会压制作文修改的效果。因此，句子结构的调整、单词拼写的检查、修辞格的使用以及内容的增删就会受到阻碍；同时，对于内容的连贯性和逻辑性的考虑也会淡出写作者的注意范围。

表 10-5　写作焦虑的三个维度和内容描述

写作态度	作品评价	自我评价
83. 知道要写作文的时候我感到紧张	98. 我怕别人笑话自己的观点	86. 遇到不熟悉的作文题我感到焦虑

续 表

写作态度	作品评价	自我评价
106. 我害怕时间不够	103. 写作文时我总害怕字数不够	87. 我常常担心作文写得不好
107. 我来不及写提纲	111. 我没有时间考虑如何造句	93. 我害怕老师发现我作文中的错误
108. 写作文时我来不及认真审题	112. 我来不及修改自己的错误	99. 写作文时我常常感到无话可说
109. 我来不及考虑如何安排文章内容	113. 写作文时我来不及考虑选词	101. 遇到不会写的单词我感到很紧张
117. 我担心自己写不出正确的句子		

表 10-6 写作焦虑和写作策略的关系

	写作态度与元认知策略	写作态度与语言监控	写作态度与内容监控	写作态度与构思策略	写作态度与回避策略	写作态度与修改策略
相关系数	-.203	.181	-.337**	-.249	-.220	-.267*
P值	.116	.162	.008	.053	.088	.038
	作品评价与元认知策略	作品评价与语言监控	作品评价与内容监控	作品评价与构思策略	作品评价与回避策略	作品评价与修改策略
相关系数	-.112	.022	-.106	-.255*	-.352**	-.167
P值	.392	.867	.418	.047	.005	.199
	自我评价与元认知策略	自我评价与语言监控	自我评价与内容监控	自我评价与构思策略	自我评价与回避策略	自我评价与修改策略
相关系数	-.033	.253*	-.072	-.119	-.192	-.014
P值	.800	.049	.580	.360	.137	.916

表 10-7　元认知策略、语言监控策略和内容监控策略的描述

元认知策略	语言监控	内容监控
7. 我注意短语的使用	41. 努力使作文的语言流畅	33. 尽量使作文的结构合理，条理清楚
12. 我注意写作内容的深度	42. 努力使作文的句式有变化	36. 努力使作文的主题突出，内容充实
13. 我注意写作内容的新颖性	43. 我写作文时努力使作文的用词准确	37. 注意使作文的逻辑性增强
14. 我注意写作内容的连贯	44. 我写作文时尽量使用新词和难词	38. 努力使作文的内容有新意
18. 我注意文章结构的条理性		39. 重视作文的思想内容
19. 我注意文章的分段		45. 努力使作文的内容真实，感情真挚

表 10-8　修改策略、构思策略和回避策略的描述

修改策略	构思策略	回避策略
60. 删除和前面内容不一致的句子	68. 写前考虑题目要求写什么内容	50. 用同义词替换不会写的词
62. 注重单词拼写错误的修改	69. 写前在草稿纸上随便写一些话，探索作文内容	51. 写作文时若有不会写的词我会使用派生词来替换
63. 修改作文时注重句子结构的修改	72. 写前从以前读过的文章寻找灵感	52. 把没有把握的句子换为简单句
64. 注重句子的修辞格的使用	76. 写作文前我先想好主题内容	53. 若有难表达的内容先用汉语思考，然后翻译成英语
65. 注重句子的连贯，增加关联词		

第二，在作品评价的维度上，写作焦虑分别与构思策略和回避策略呈显著负相关。构思策略关注生成内容，提前计划文章的内容、主题和结构；回避策略涉及对写作过程中的疑难问题的解决。作品评价关注文章的观点和内容如何被别人评价。因此，过度关注别人的评价促使写作者过多地注意文章内容的分析和取舍，阻碍写作内容生成的流利程度。甚至有的新颖的内容和观点因为考虑到会遭受批评和嘲笑而被删除。所以，所写的观点和内容必然是写作者认为能够被众人所接受的安全的话题和观点，而过度考虑别人的评价和观点导致作品的内容和观点陷入固定的模式和陈规，影响作文内容的创新和质量。另外，在权衡取舍内容的过程中，犹豫不决也必然导致新的焦虑和紧张，促使写作者不得不放弃新的想法而抓紧时间赶内容和凑字数，难的词汇和结构也会相应减少。同样，回避策略和用汉语翻译较难的内容的写作策略也会因为考虑到麻烦和时间的限制而减少。

第三，在自我评价的维度上，写作焦虑和语言监控策略呈显著正相关。目前，我们对于作文的评价主要涉及语言层面而对于作品的内容和观点则考虑得较少，因此，对语言的监控和关注自然是教师和学生关注的焦点，在考虑作品的内容能否被接受或者得到较好的评价的时候，写作者对于语言的关注较多，可能会花更多的精力提高自己的语言质量。

第四，写作焦虑和元认知策略虽然呈负相关，但是没有显著意义。可能因为问卷中关于“元认知策略”的问题只关注作文的内容，比如，“短语的使用”“内容的深度”“内容的新颖性”“内容的连贯”“文章结构的条理性”和“文章的分段”。而我们评估作文的标准更多侧重于语言，作文的得分很大程度上取决于对语言的评价，也就是说，作文的分数所反映的主要是语言质量，而较少反映作文的内容。因此，评价作文的标准和所测量到的“写作元认知策略”的内容之间存在一定差异，这是导致写作焦虑和写作元认知策略的关系不显著的一个原因。另外，元认知策略是从宏观角度监督学习活动执行状况的学习技巧，包括计划、监控、评估和注意的选择等过程（O’Malley & Chamot 2001）。本研究中有关元认知策略的调查只涉及了学习者的注意内容的选择和注意的分派，没有调查学习者的计划、评估和监控等过程，因此，这个关于元认知策略的调查结果可能影响写作焦虑和元认知策略之间的关系。

第五，焦虑产生于对内容的不熟悉、环境的压力以及语言水平的约束，也与每个人的个性以及学习经验有关。“害怕时间不够”“来不及写提纲”“来不及认真审题”“来不及考虑如何安排文章的内容”和“担心自己写不出正确的句子”等有关焦虑的描述反映了写作焦虑产生的原因。写作策略和写作焦虑负相关不说明策略会导致焦虑的降低。但是，对写作困难的预知和了解，设定应对困难的做法等都有利于缓解写作焦虑的水平（王初明 2003）。

五、结　论

第一，写作焦虑对英语写作的影响比较复杂。写作焦虑对写作流利度具有抑制作用。但是，适度的焦虑促使写作者对语言的关注和对时间限制的注意，提高写作的速度和效率，保证较快完成写作任务。

第二，写作焦虑影响对写作过程的宏观监控和调节。过度的焦虑引发过多的压力，阻碍写作思路，导致写作进程缓慢。写作焦虑导致过度关心任务的完成，降低对写作活动的有效协调，降低对语言和内容的关注。

第三，写作策略对写作焦虑具有一定的影响。对宏观写作过程的计划和对困难的预知可以降低写作焦虑，促使写作者更有效地监控写作过程，均衡对作文内容和语言形式的注意，促使写作者及时地修改作文和调整写作活动，使作文的质量整体提高。提高写作效率能够有效降低写作焦虑，提高作者的自我效能感和写作积极性。写作策略和写作焦虑之间的关系反映了写作策略的积极作用。写作策略在一定程度上降低了写作焦虑，消解了写作焦虑的消极作用，有益于提高写作效率。

六、启示和不足

研究写作焦虑对外语写作的影响以及写作焦虑和写作策略的相互关系，让我们认识到写作焦虑对写作影响的复杂性，也让我们看到写作策略在外语写作教学中的意义。写作焦虑贯穿于写作过程中，培训写作策略可以影响写作过程，从而影响写作焦虑、写作效率和写作质量。

研究写作焦虑和写作策略对外语写作水平的影响涉及对写作过程的研究。而问卷调查只能反映学生策略观念、策略知识和对写作焦虑的感受，不能反映写作过程中策略管理情况和写作焦虑的变化的实际情况，因此，只能根据调查的结果推理这些情况和变化，这和实际情况之间可能存在较大差距，对研究结果有一定的消极影响。

第十一章　母语使用对二语写作的影响

——对非英语专业大学生英语写作的研究

一、引　言

在二语习得研究领域，母语使用对二语写作的影响一直以来都受到广泛关注。关于母语使用对二语写作的影响，研究人员没有取得一致的结论。有的研究发现母语使用对于二语写作具有积极影响，比如，Khongpun（1992）认为母语使用具有提高二语写作水平的作用；Woodall（2002）发现母语使用的时长与二语写作的质量成正比；Edelsky（1982）认为母语写作知识非但不会干扰二语写作，而且在二语写作时起到帮助写作构思的作用。而有的研究则持相反的意见，比如Johnson（1985）认为对于高水平的二语学习者来说，使用母语对于二语写作具有消极影响。母语使用也是二语写作中普遍存在的现象。比如，Cumming（1987）发现即使二语写作水平很高的二语学习者，他们在二语写作时仍然会使用母语进行写作和检查；Lay（1982）认为母语写作习惯会迁移到二语写作过程中。因此，母语使用对于二语写作的影响没有定论。然而，研究二语写作过程中的母语使用的影响具有重要意义，因为，母语使用在二语写作中普遍存在。其次，二语写作属于二语习得研究领域的一个次范畴。因此，研究母语使用对二语写作的影响有助于我们认识二语写作过程中学习者的认知特征以及母语在外语学习中的作用，有利于提高外语教学效果。

母语对二语学习的影响是复杂的。首先，在二语学习过程中，母语在不同层面对二语学习产生促进或者阻碍的影响。比如，语音、词汇、句法结构和语篇层面。其次，母语影响二语学习也受到多种因素的介入影响。比如，学习环境、学习阶段、学习风格、学习态度、学习信念、个性和智力等因素和母语交织在一起共同影响二语学习。因此，母语对二语学习的影响是复杂的过程。如果仅从语言迁移或语言介入的角度进行跨语言的对比分析，忽视二语学习过程中其他因素的影响，那么得出母语对二语习得产生积极或消极影响的结论就会存在一些问题和不足。因此，郭纯洁建议使用母语参与（involvement）而不是母语迁移。因此，在研究母语对二语写作的影响的时候，应该考虑二语写作过程中多种因素和母语一起共同影响二语写作的事实。

从研究方法来说，人们通常使用口头报告和有声思维的方法研究二语写作过程。然而，这些方法难以操作，比如，有些人习惯于一边写一边自言自语，说出自己的想法；有的人可能会刻意地汉英夹杂地说出自己的想法。因此，个人因素影响研究对象如实客观地报告写作过程和心理活动，不能真实反映写作过程中所发生的具体情况。为了避免有声思维等方法中的人为因素，也为了剥离影响二语写作过程的其他因素对母语影响的干扰，我们决定采用翻译法二语写作进行写作实验。

使用翻译法二语写作是因为二语写作中存在翻译现象。研究表明，在二语写作过程中，存在母语和二语语码互换的过程（王文宇 2000），即，母语被用来构思写作内容，然后翻译（或转写）为二语形式，或者二语形式内容翻译回母语形式以检查和核对该内容是否正确或恰当。因此，母语翻译环节可以专门提取出来，用以反映二语写作过程中的构思和转写活动。Kobayashi & Rinnert（1992）曾采用这种方法，让研究对象使用两种写作过程写英语作文。首先采用翻译法写作过程，其次采用直接法使用英语进行写作。我们借鉴该研究方法，这样就控制了其他因素的介入并影响二语写作过程，避免母语对二语写作的影响受到其他因素的干扰。另外，通过该方法我们可以缩小观察范围和目标，聚焦在构思阶段和成文阶段母语对于二语写作的影响。简化了研究问题，提高了分析的效率。同时，相对来说，该实验过程易于操作。

为了分析母语影响的效果，必须选择一个考察指标。我们主要考察母语对二语写作流畅性的影响，因此，二语作文的语言特征是研究的重要方面。关于二语能力发展，流畅性、复杂性和准确性是衡量语言能力发展水平的重要指标（Wolfe-Quintero et al，1998）。流畅性、复杂性和准确性的指标分别由产出速度、C/T比率、T-单位长度、词类/词形比率，以及正确T单位比率表示。本研究使用定量和定性研究方法，基于衡量二语写作流畅性的指标，针对二语写作中母语影响的效果进行描述和分析。在分析中，我们探讨对于不同二语水平的学习者来说，母语使用对于二语写作产生怎样不同的影响。

本研究通过对比两个不同外语写作过程对外语写作所产生的影响，以探究母语使用对中国大学生英语写作的影响，并揭示母语使用影响二语写作和二语学习的规律。两个写作过程分别是：直接法和翻译法写作过程。本研究旨在发现：一、母语对于二语写作的实际影响，发现母语促进或者阻碍二语写作的规律；二、进一步认识在二语学习过程中母语所发挥的作用及其规律。研究发现将有利于我们认识母语在二语学习中的作用，为我们提高外语教学水平提供了借鉴。

二、文献综述

（一）母语使用和二语习得

母语使用在二语习得研究领域占有重要地位。母语使用的语际影响，以及二语学习过程中的母语迁移现象是二语习得研究领域的重要问题。因此，研究者认为“不考虑母语迁移的二语习得理论是不完善的”[①]。多年来，关于母语使用对于二语学习的影响，研究者的观点也经历了巨大的变

① Ellis, R. The Study of Second Language Acquisition. Shanghai: Shanghai Foreign Language Education Press, 2000:341.英文原文为：No theory of L2 acquisition is complete without an account of L1 transfer.

化。行为主义观认为母语使用对于二语学习具有消极影响。心灵主义观认为母语使用对于二语学习没有影响。认知主义观的学者认为母语使用的意义是学习者把母语作为一种学习策略用在二语学习的过程中，并凭借此策略建立二语语言知识假设和验证这些假设。这些关于母语使用的价值和意义的认识和变化启发我们深入认识母语在二语习得中的影响。

1.行为主义观对母语使用的认识

从1940年代晚期到1950年代早期，二语习得研究领域已经开始探讨在二语学习中母语使用的作用。根据行为主义学习观，二语学习是发展新的语言使用习惯的过程。先前在儿童期所获得的知识和习惯阻碍着这个过程，而最主要的阻碍来自先前的知识。作为先前获得的知识的一种，母语知识在二语学习中具有消极的影响，也是二语学习困难和不成功的重要原因。

Lado在1950年代中期提出了对比分析假设，回应和支持了行为主义学习观对母语使用的观点。根据对比分析假设理论，在二语学习中母语发挥了消极的影响，母语与二语的跨语言差异导致了二语学习的困难。因此，就产生了关于二语学习的“差异=困难”的假设。然而，这个假设并没有得到充分的研究结论和证据的支持（王初明1990：63）。尽管母语和二语之间的差异或相同与二语学习的困难或容易存在一定的关联，但是，可能还有其他原因导致二语学习的困难或容易。比如，一些学习者错误可能是语际错误，即母语介入导致的错误；一些错误可能是语内错误，即语言能力“发展”过程中的错误，不是因为母语的影响所导致。母语和二语相似的地方可能有助于二语学习，但是两者之间相似的地方也可能导致概念混淆，增大学习困难。二语学习中母语使用的效果很难完全用语言差异来解释。因此，通过对比分析和错误分析来解释和分析母语使用对二语学习的影响则显得具有一定的局限性。另外，母语对于二语学习的影响也不能简单的归为只具有消极影响，而是消极和积极影响兼而有之（俞理明2004：107）。

2. 心灵主义观对母语使用的认识

在1960年代，持心灵主义观的学者认为语言学习应视为结构规则的习得。学习者通过积极建构语言规则习得目标语结构规则，作为学习者内部准则。他们注意到，不论何种母语语言背景，所有语言学习者在语言习得过程中都表现出一定的相似性。基于此他们提出了“母语=二语”的假设，即，二语习得过程与母语习得相似，并由此推导出母语在二语学习中并没有任何作用的结论。因此，深受行为主义语言学习观的影响，强调先前的语言知识介入二语学习过程的语言迁移理论逐渐被抛弃。由于受到乔姆斯基语言习得理论的影响，研究者把语言学习看作学习者的“创造性规则建构”的过程（Dulay & Burt 1974，转引自Wang 2000：12），因此在二语习得研究领域学习者的差异以及母语的作用不再受到重视。

然而，二语习得研究领域忽视母语的作用的倾向后来也受到一定的批评。因为该做法无疑是对行为主义语言观和语言学习观的过度反应，而且在二语习得研究中忽视母语的影响，用认知主义观取代行为主义观也难以令人信服（Ellis 2000：315）。因为，只从认知主义视角解释二语习得领域的问题，否定母语的重要性，毕竟忽视了二语习得过程中母语使用的客观事实。

3. 认知主义观对母语使用的认识

从认知主义视角分析语言迁移，使得母语使用研究重新进入二语习得研究者的视野。在1970年代晚期和1980年代早期，母语在二语习得中的重要性重新得到认识并被认可。为了充分解释二语习得过程，语言迁移是一个必须考虑的语言现象，也是二语习得研究或中介语研究的重大进步（Yang 2000：37）。因为该理论试图从认知角度调查和解释二语习得过程中母语使用的影响，认为语言迁移应该视为认知过程，因此，迁移理论拓宽了二语习得研究视野，使得二语习得中母语使用现象再次引起研究者的关注。根据母语迁移理论，母语就是二语学习者的一个重要语言知识来源（Ervin-Tripp 1974，转引自Wang 2000：15）。在二语学习过程中，学习者扩大母语语言知识应用范围，利用母语知识解释和指导二语学习，促进二语规则的建构。

对于不同学习阶段和不同二语水平的学习者，母语使用带来不同的效果（文秋芳 2002）。对于二语初学者来说，使用母语具有减轻认知负担，提高学习效率和学习动机的积极作用。一、母语使用有利于提高学习者的理解能力，激发他们的学习动机；二、母语使用能保证学习者积极参与班级活动；三、母语使用能消除学习者由于不能用英语表达自己想法而产生的焦虑，提高他们的自信心（纪玉华 2002）。在外语教学过程中，教师使用学习者的母语可以帮助初学者学习外语词汇和语法，通过翻译和对比，区分目标语和母语系统的不同，可以避免负迁移的影响（Rolin-Ianziti & Brownlie 2002）。对于二语水平较高的二语学习者，当他们遇到难度大的学习任务的时候，或者目标语词汇不足的时候，母语也会介入学习过程提供帮助，比如，他们可能借助母语构思思想内容，然后翻译成目标语（郭铭华 2002）。此外，在处理各种不同的二语任务的过程中，母语在各方面发挥重要的作用（Wang 2000：34）。比如，在二语写作过程中，母语具有确定意义、记忆语境信息、分派句法角色、确认动词时态、检索理解和通过翻译生成二语内容等功能。总之，从认知的角度看母语在外语学习过程中的作用，使用母语影响外语学习的效率。

4.外语学习策略与母语使用

在 1970 年代早期，认知心理学的发展使得外语教学研究发生转向，从研究“怎样学”转变为研究学习者本身，即研究学习者个人的特征以及个人特征对于语言学习过程和学习效果的影响。对于优秀学习者的个人特征的研究推动了学习策略研究（程晓堂 2002：5），并使之成为二语习得研究领域的重要课题之一。

根据 Ellis（2000：532）的观点，学习策略是学习者为了克服特定的困难，促进二语学习或用二语交流而采取的方法和行动。学习策略或语言学习策略的定义和分类具有多元性（Ellis 2000：531），没有统一的标准。一般说来，根据其特征，学习策略可以分为元认知策略、认知策略和社会-情感策略（O' Malley & Chamot 2001：46）。也可以根据具体的功能分为微观策略（即更好地完成特定学习任务和学习活动的方法和手段）和宏观策略（即学习者计划、管理、评价学习目标、过程和结果）（程晓堂 2002：18）。

根据学习策略具有“促进二语学习或用二语交流”的功能，母语使用是一种减轻认知负担提高学习效率的认知策略，因为，通过翻译母语可以促进二语理解和二语输出，另外，母语知识有助于学习者建构关于二语规则的假设。比如，成人在学习外语的时候会把母语的句法结构规则运用到目标语语法规则的建构过程中。“当这个过程涉及参数设定时，学习者就会对第一语言和第二语言之间的参数进行比较，当母语和目标语的参数设定一致时，促进二语习得”[①]，因此，母语是二语学习的开端。学习者利用以前通过母语所学知识来学习新的语言知识是二语学习过程中普遍的认知心理过程（Ellis 2000：343）。当学习者在用二语交际或理解二语时，如果他们缺少必要的二语知识，这时他们就会利用母语策略（Skehan 1998：21），实现用二语交际或理解二语的目的。此外，研究人员从语音、语义、写作体系研究二语习得中母语的跨语言影响，把母语影响的研究范围扩展到学习策略、学习过程和（语法特征）简化等方面（Odlin 2000：28），证明在二语学习过程中母语影响具有很显著的积极作用，母语使用是一个有效的学习策略。

5. 母语使用影响的动态性

母语是二语学习中重要的影响因素。在二语学习的过程中，母语是一种有效的认知策略，促进二语理解和二语输出的效率。同时，母语也因为与目标语的差异而对于二语学习产生一定的消极影响。母语的影响也会因为二语理解和输出过程中的其他各种因素的介入而发生动态变化。静态的对比与分析难以概括和解释二语学习过程中母语在多方面所展现出的影响。错误分析、创造性建构假设，以及语言迁移理论对于母语在二语学习

① 俞理明：《语言迁移与二语习得——回顾、反思和研究》，上海：上海外语教育研究出版社，2004：89-90页。

过程中所产生的多方面的影响也不能给出令人满意的解释。这些困难和不足产生于母语使用对二语学习影响的动态性，即，在二语学习过程中母语对学习者和学习结果的影响因为其他因素的变化而变化。比如，在二语学习过程中，针对不同的学习内容，跨越不同的学习阶段，母语的影响也在变化。其次，有各种因素参与并干扰母语对二语学习的影响，比如，文化背景、二语水平、学习环境、学习动机、学习信念、年龄、个性、性别等因素的差别，使得母语的影响呈现出不同程度的变化。

在二语写作过程中，母语使用的影响是动态变化的（郭纯洁、刘芳1997），在不同的写作环节和不同的写作层面，母语使用所发挥的功能不断变化，对写作过程和文本输出产生不同的影响。另外，考虑到学习者二语水平的介入与调节，母语影响二语写作的效果更加复杂。比如，对于不同二语水平的学习者，母语使用对二语写作的影响效果不同；处在不同的写作阶段或写作环节，母语使用的功能不同，比如，在构思内容、输出文本和修改等不同写作环节，母语发挥不同作用。因此，母语对二语写作的影响是动态的和变化的。要认识母语对二语写作的影响效果应该参照其他介入因素（比如，学习者二语水平、写作过程阶段或写作环节），分析在受到其他因素干扰的情况下，母语使用对二语写作的影响的实际情况。

在二语写作过程中母语的功能呈现动态变化，影响效果也不尽相同。在构思、转写和修改等不同写作环节，利用母语构思文章内容，提高写作效率；在转写阶段母语生成的内容提供了参考依据，但是也限制和影响转写的效率；在修改环节，翻译输出文本为母语便于检查内容是否连贯，利用母语监控和检查拼写错误和句法错误等。另外，在写作过程中，写作环境、写作任务、写作动机、写作焦虑、语言水平和写作经验等个人因素也影响二语写作。此外，对写作过程的监控和管理，以及构思、评价和修改等行为，都因为学习者的写作观念和策略知识的变化而变化。因此，在二语写作中，母语、二语水平与个人因素和外部因素相互交织，相互作用和变化，共同影响二语写作。由于二语过程中，个人因素、外部因素和写作阶段或写作环节不断变化，母语使用的功能和影响也不断变化。

（二）二语写作过程和翻译法二语写作

1.二语写作研究的发展和特征

二语写作研究的发展可以追溯到1900年代，起源于英语作为第二语言的写作和教学研究（Krapels 1996），到1980年代日趋成熟。二语写作研究有两种研究范式，即基于成果的和基于过程的二语写作研究。基于成果的二语写作研究聚焦于最终的写作成品，以发现二语写作中跨语言影响的证据，但是对于二语语篇产生的过程没有给予足够的重视。受这种研究的影响，二语写作的教学等同于语法和句子结构的教学（Richards 2002:106）。

二语写作教学有两种模式，即成果法和过程法教学模式。人们很难接受成果法教学模式所带来的后果。因为成果法写作教学把重点放在产生准确的语篇，把语言的使用变成对固定语言或语篇模板的操纵，学生没有创作自己作文的自由。从1970年代以来（邓鹂鸣等 2003），研究人员开始指出成果法写作教学模式的局限性，因为成果法关注写作的形式和结构，忽视写作过程，不利于教学。随着认知心理学的兴起，探究写作行为本身和写作过程中写作者的认知行为及其特征的研究范式逐渐发展起来（Krapels 1996）。Hayes的写作过程认知模式在写作研究领域具有重大影响。

根据Hayes的写作过程认知模式，写作过程是一个复杂的认知过程，包括目标设定、构思内容、转写和修改等过程。比如，写作者考虑他们的写作目标和读者，凭借他们的背景知识构思思想内容，也可能经常性地回读所写的内容。写作认知模式认为写作过程不是一个纯粹的计划、组织、写作和修改的线性顺序，而是不同认知过程相互激活并参与写作行动的循环过程。为了培养流利的写作者，必须审视流利的写作者的写作过程，依据这些信息重新审查我们的写作教学法（Richards 2002：108）。在研究写作者的写作过程基础上，逐步形成了写作过程认知模式和写作过程研究范式。

二语写作研究从母语写作研究获得了很大启发，却与母语写作有很大不同。尽管“大多数此类研究和教学法以母语写作研究为依据…二语写作的特殊情景必然使得二语写作研究具有截然不同的视角、模式和实践”①。使用二语写作使得二语写作过程成为更加复杂的认知过程，比如，母语思维和修辞习惯可能干扰二语写作，增加了二语写作的认知负荷；写作过程中，母语和二语之间的相互转换降低了语言输出的效率。

2.二语写作是双语现象

二语写作和母语写作虽有相似之处，但是不同点仍然多于相同点（Roca de Laris 2002）。从作者（知者）、读者、实际情况和语篇的语言来源等方面比较二语写作和母语写作，二者有明显的不同特征（Johns 1996）。

从作者和读者方面分析，二语写作的作者是非本族语者，其所处写作环境是二语教学环境，其读者是语言教师，其写作目的是为了完成老师交给的写作任务以及检验学习者的写作水平和二语水平等。而母语写作的作者是本族语者使用母语写作，实现类似目标。从写作的实际情况和语篇语言对比两个写作类型，两者之间也存在不同。在二语写作过程中写作者既使用二语写作，也使用母语，而在母语写作中只有母语作为唯一的思维工具。比如，在计划阶段，由于受到二语水平的制约，写作者进行二语写作时计划和构思思想内容依赖母语思维。在形成二语文本的过程中，二语写作者经常首先用母语思维生成思想内容，然后翻译成二语文本（Whalen & Menard 1995）。

在二语写作过程中，写作者不能完全脱离母语的影响，除了构思内容，在解题、修改、监控和管理写作过程等环节母语都参与二语写作过程（郭纯洁、刘芳 1997）。学习者的母语影响是“二语写作的一个附加因素，在母语写作中不可能出现”②。在二语写作过程中，无论学习者二语水平

① Silva, T. Second language composition instruction: developments, issues, and directions in ESL in B. Kroll. ed Second Language Writing: Research insights for the classroom, Cambridge University Press, 1996: 11-23. 英文原文为“… most of this research and pedagogy has been drawn from research in first language(L1) composition…the unique context of ESL composition has necessitated somewhat distinct perspectives, models and practices.”

② 转引自 Wang, W. An Investigation into L1 Use in the L2 Writing Process of Tertiary-level EFL Learners in China Unpublished Dissertation, Nanjing University, 2000: 9. 英文原文为“an added factor for L2 writing which is not present in L1 writing.”

高低，他们都不同程度地用到母语。因此，母语使用是二语写作过程中一种普遍现象，母语和二语之间的语码转换贯穿整个二语写作过程。综上所述，二语写作本质上是双语现象（王文宇 2000）。

3.二语写作过程和母语使用策略

学习策略研究使得学习过程研究主题由“怎样教”转向“怎样学”。学习策略研究也改变了人们对于二语写作过程中母语功能的认识。在二语写作过程中，母语参与到理解题目、设定目标、构思内容和监控管理写作过程，提高写作效率。因此，二语写作过程中的母语使用发挥了写作策略的功能。

（1）写作策略的定义

二语写作过程研究强调对比二语写作过程和母语写作过程，并从母语写作推导出二语写作模式。研究人员不仅从文化差异，也从发展因素和认知因素等角度进行跨语言影响研究。针对写作过程中二语写作者的认知活动的特征的研究激发了二语写作策略研究。元认知知识、策略知识和语言知识在二语写作能力发展中发挥的作用引起研究者的注意。研究者认为写作策略对于二语写作者完成写作任务具有积极作用，“他们必须能够通过一定的方式有意识地控制这些认知过程（即策略知识），使他们能实现由一定的写作任务确定的语用和语篇目标”①。

在不同的写作阶段，写作者有不同的写作行为，使用不同的写作策略（Richards 2002:108），以优化写作过程，提高写作效率和写作质量。写作策略包括计划、评价、修改、转写和翻译等。计划策略确定了意欲表达的信息的语篇环境和语用环境，指导选择恰当概念结构和语言结构。评价、修改、转写和翻译促进使用、提取、操纵和整合写作者长期和短期记忆里储存的各种知识（Whalen & Menard 1995）。在写作过程中，为了提高写作

① Whalen，K. & Menard，N. L1 and L2 writers' strategic and linguistic knowledge: A Model of Multiple-level Discourse Processing.Language Learning，1995，44(3): 381–418.英文原文为“They must be able to exercise deliberate control over these cognitive processes (strategic knowledge) in ways that allow them to achieve the pragmatic and textual goals defined by a given writing task.”

效率和写作质量，写作者会利用一些技巧或方法，比如，在设定目标、构思内容、转写和修改环节，他们通过合理安排时间和利用修辞技巧，或者通过背诵范文、模仿句型等提高内容质量和语言表达效果。这些促成写作者成功写出语篇的不同的写作行为或写作活动就是写作策略。

“具体的写作语篇产出策略是认知过程，为二语写作者提供了一系列工作假设，是为了表达意欲表达的意义而做出的最恰当的结构和概念决策。”[①]因此，写作策略为写作者提供了关于语篇结构、内容甚至语言形式的假设。针对这些输出假设，写作者根据自己的写作经验和写作知识做决策，选择恰当的表达。因此，能够较为熟练掌握写作策略的二语学习者将更容易操控语言结构，产出相比他们的二语语言水平质量更高的二语写作成品（同上）。比如，二语写作者有意识地利用母语知识解决二语写作过程中内容构思的问题，使写前构思简捷有效。回避策略有助于提高写作输出效率，比如，遇到词汇不足的问题，通过采取隐喻或转喻修辞手段避开难以表达的内容，采取迂回的方式表达自己的思想，完成写作任务。因此，研究写作策略对于提高学生写作策略能力，提高二语写作教学效果非常重要。

（2）母语策略的选择

学习策略的选择受到多种因素的影响。个人差异（比如，学习者信念、情感状态、个性和认知风格）和不同的情境因素（比如，要完成的具体的学习任务、教师影响、语言水平和学习环境等）决定学习者对学习策略的选择（程晓堂 2002：50）。在二语写作过程中，个人差异和情境因素同样影响写作策略的选择。写作者有不同写作策略可以使用，比如，背诵和模仿范文，利用修辞手段提高语言质量，利用列提纲的策略组织好文章的结构，利用连接词提高文章衔接与连贯。然而，学习者为了提高二语写

① Whalen, K. & Menard, N. L1 and L2 writers' strategic and linguistic knowledge: A Model of Multiple-level Discourse Processing.Language Learning, 1995, 44(3): 381-418.英文原文为“The specific written discourse productionstrategies are cognitive processes that provide the L2 writer with a series of working hypotheses as to the structural and conceptual decisions most appropriate to express intended meaning.”

作效率，他们在二语写作中会不同程度地使用母语策略（王文宇 2000；郭纯洁、刘芳 1997）。比如，考试中或者定时作文等环境下，在理解和设定写作目标阶段，写作者把目标语翻译成母语，这样更容易理解题目的意思，更容易提取熟悉的背景知识、词汇和修辞知识；在构思阶段，用母语生成思想内容；在计划阶段，用母语计划并列提纲以组织语篇；在草稿阶段，使用翻译的方法把母语生成的句子加工成用目标语表达的句子；在修改和订正已写文本时，学习者把二语文本翻译成母语，便于理解文本内容，确定表达内容是否衔接与连贯。简言之，在二语写作中，目标语和母语之间相互转化，充分发挥母语策略促进认知效率的功能，提高二语写作效率。因此，母语策略是理解和输出二语的基础（Ellis 2000:537），也是有效的二语写作策略（文秋芳 1997）。

（3）**母语策略的效果**

尽管写作者倾向于避开母语使用（杨淑娴 2002），但是，却不能摆脱母语的影响。“针对二语写作过程的研究表明，存在母语写作知识往二语写作…的迁移。母语写作知识对于二语生成语篇质量的积极影响近来也得到证明”①。比如，英语为母语的法语学习者在写法语二语作文的时候就使用母语翻译策略。首先他们使用英语构思作文内容，然后把构思内容翻译为法语文本，“这个写作策略包括逐字逐句的翻译，把首先用英语以口头报告形式表达的思想内容翻译为目的语（法语），反之亦然”②。因此，在二语写作过程中，母语作为一个写作策略时隐时现，在需要时显现，不用时则隐去。母语就像一个工具或者催化剂，在不同层面影响二语写作，

① Whalen, K. & Menard, N. L1 and L2 writers' strategic and linguistic knowledge: A Model of Multiple-level Discourse Processing.Language Learning, 1995, 44(3): 381-418.英文原文为“Research on second-language composing processes has revealed that there is the transfer of knowledge about first-language writing…into second-language writing. The positive effects of first language writing expertise on the quality of texts produced in a second language had also recently been shown.”

② Whalen, K. & Menard, N. L1 and L2 writers' strategic and linguistic knowledge: A Model of Multiple-level Discourse Processing in Language Learning, 1995, 44(3): 381-418. 英文原文为“This writing strategy consists of translating word by word an idea expressed first in English in the verbal protocol, into the target language (French), or vice versa.”

提高二语写作效率。

由于写作活动、写作目的、任务难度、写作者的二语水平和写作知识的不同（王文宇 2002；文秋芳、郭纯洁 2002：398），母语对于二语写作发挥不同的影响。

在不同的写作阶段，母语对二语写作的影响不同。在构思阶段，当话题与母语经验有关时，写作者所写的语篇内容质量更好，因为用母语进行内容构思和目标设定使得他们更容易提取熟悉的与该主题相关的母语文化知识（Friedlander 1996: 109–125），有助于从内容、结构和细节方面提高二语写作质量（Kobayashi & Rinnert 1992）。在草稿阶段，在语篇组织、语法、词汇和句子等方面，母语使用具有助于组织二语语篇、生成思想内容、产生准确的可接受的句子（郭纯洁、刘芳 1997）。在修改阶段，把二语内容翻译回母语有助于检索语篇是否连贯（文秋芳、郭纯洁 1998）。

随着学习者的学习阶段和二语水平的变化，在二语写作中母语使用的频率和功能也会发生变化。比如，低水平学习者比高水平学习者更多使用母语，以降低写作焦虑，提高写作效率。他们使用母语的写作阶段不同。低水平者在构思内容和语篇输出阶段可能使用母语较多，而高水平者为了确保表达的准确，在修改阶段可能更多把目标语句子翻译为母语，以便于检查和核对输出的内容。

在管理写作过程，协调各种因素，均衡写作过程方面，母语发挥积极作用（郭纯洁、刘芳 1997）。比如，作文题目文字叙述比较复杂，二语水平低的学习者更可能利用母语解题和设定目标。此外，在考试或者限时作文情况下，学习者需要合理安排时间，母语思维就介入写作过程的管理，根据实际情况，合理分配构思、草稿和修改的时间，监控写作过程，提高写作效率，保证按时完成写作任务。

因此，母语使用贯穿整个二语写作过程，在目标设定、内容构思、语篇组织等环节，以及写作过程的监控和管理等方面发挥积极作用，有助于提高二语写作效率。

(4) 母语翻译策略构建的二语写作过程

二语写作过程研究经常采用如下方法：①观察写作者的写作过程；②在写作前和写作后访谈写作者，确定他们如何处理写作任务的特定方面；③让写作者口述他们写作中所做出的决策；④检查写作者记录写作过程的日志；⑤对写作课进行民族志式的研究（Richards 2002:108）。

观察写作过程比较难操作，比如，不太容易找到愿意配合的实验对象。为了考察写作过程，也经常采用口头报告和有声作文法。然而，这两种方法也面临着问题和挑战。因为口头报告和有声作文法试图通过语言和心理的联系去建构内在心理过程，而学习者有意识的口头报告他们的内在计划是不可靠的数据。“实验对象可能暗示的过程不是作为对最近从事的活动的直接反映，而是根据一个类似的先前的知识和经验…另一个问题是为了让做实验的人满意，实验对象可能过度补偿和提供他们觉得是研究人员希望获得的信息，而这些信息并不能真正反映他们真实的心理状态”。[①] 民族志式研究需要研究人员较长时间深入写作教学环境进行观察与研究，操作难度也大。研究写作者日志和访谈相对来说操作方便。本研究决定综合访谈、问卷调查和写作实验的方法，探究二语写作过程中母语使用的影响及其动态变化。

各种认知策略和写作活动参与二语写作过程。这些认知策略和写作活动包括不同的更局部的写作过程，比如，构思内容、通过大纲和思想树图制定计划、翻译母语、多重草稿和修改等。所有这些写作活动和写作策略可以分割成写作过程片段（fragmented），然后分别进行分析（Whalen & Menard 1995）。因此，母语策略就好像其他写作策略或写作活动那样，也可以分割成不同的策略片段，用来分析整个写作过程中母语策略的变化，

① Selliger, H. & Shohamy, E. Second Language Research Methods. Shanghai: Shanghai Foreign Language Education Press, 2004: 170. 英文原文为"the subjects may infer a process, not as a direct reflection of the activity recently engaged in, but rather from prior knowledge or experience of a similar activity on a previous occasion…Another problem is that in an effort to please the experimenter the subjects may overcompensate and provide information they feel the researcher is hoping to obtain but which does not really reflect their true mental state"

从而方便观察母语影响的动态性。

在二语写作过程中，翻译母语是特定的具体的二语写作活动和写作策略。如果把翻译母语的策略片段从写作过程中分割出来，让写作者在二语写作过程中完全使用母语翻译策略，那么，就更加容易观察在二语写作过程中母语使用如何影响二语写作，因为控制住了其他因素的干扰，比如，写作环境、语码转换、个人信念、情感因素都可以回避。因此，母语翻译法把复杂的写作过程限制在构思和转换的环节，使得研究聚焦于一个单一的写作过程或写作环节，更加方便分析母语使用对二语写作的动态影响。

4.结语：控制写作过程，研究母语影响的动态性

二语写作研究多聚焦于语篇、写作过程、学习者和教师的态度、实践和信念等因素，以及社会环境（Polio 2002）。对二语写作过程的研究有利于认识二语写作教学的特点和规律，对于提高二语写作教学效果具有重要意义。母语对二语写作的影响是二语写作过程研究的重要主题。该研究范式把母语被作为一种写作策略引入写作过程研究。

母语对二语写作的影响贯穿整个写作过程，并且随着写作过程的变化，以及其他因素和写作策略的介入和干扰而发挥不同的功能。当母语和这些干扰因素同时出现在写作过程中时，就会妨碍我们对母语影响的分析和解释。如果我们控制写作过程，限制其他策略和因素，只研究母语策略在写作过程中的影响，则简避免了其他因素的干扰。因此，我们通过让写作者使用翻译母语作文进行二语写作的方法，控制其他写作策略的出现，只考察作为构思策略的母语翻译策略，获得了翻译法写作过程。这样我们就得到了一个单一策略贯穿始终的写作过程，简化实验过程，提高了观察和分析二语写作过程的效率。我们只需要分析写作过程所产生的二语文本，推断二语写作过程中母语使用对二语写作所产生的影响及其规律。这时候多因素影响的复杂的写作过程被一个单一的母语构思和翻译母语构思内容的写作过程所替代。在本研究中，不控制学习阶段、学习水平。受这两个因素的变化的影响，母语使用对二语写作影响呈现动态性。我们将研究在写作过程不变的情况下，由于学习阶段和二语水平的变化，母语使用对二语写作影响呈现动态性变化。

（三）研究目标和意义

1. 母语影响的动态变化

关于母语对二语写作的影响，研究人员的关注点是多样的，既重视语篇的结构（王墨希、李津 1993；刘齐生 1999），也涉及语言和内容方面，比如，修辞手段（蔡金亭 2003），语言风格（张在新等 2003；丁言仁等 2003），语篇的衔接与连贯（赵蔚彬 2003），语篇的内容（郭纯洁、刘芳 1997），也从宏观角度探讨了母语写作能力和二语写作质量的关系。关于母语影响和二语能力发展之间的关系，相关研究较少。

母语使用和二语能力发展之间存在怎样的关系？母语对二语写作的影响和学习者的二语水平之间存在怎样的关系？母语对二语写作的影响是否存在跨语言水平差异？即母语影响是否与二语水平产生交互作用，对于不同二语水平的学习者，母语影响是否具有不同效果？如果存在不同效果，那么，达到什么水平？对此类问题，我们了解较少。

母语使用对于二语写作的影响不是一成不变的。由于其他因素的介入写作过程，母语对二语写作的影响发生动态变化。随着学习阶段和二语水平的变化，母语对二语写作的影响也发生变化；其次，在不同的写作过程和写作阶段，母语和二语之间发生语码转换的频率不同：另外，学习者情感因素、写作任务和写作环境的变化也影响母语对二语写作的影响效果。因此，研究母语对二语写作的影响应考虑介入并影响二语写作过程的各种因素的动态变化，探究母语使用对二语写作的影响动态变化和规律，才能准确把握在二语写作中母语使用的功能和意义。

2. 研究二语写作的意义

写作促进二语学习，比如，写长英语作文有助于提高学习者的二语水平（王初明等 2002）。二语写作教学有利于促进二语口语学习。写作被认为是用书写形式表征口头语言，写作的“目的在于强化口头表达，因为它强调对语法和句法形式的掌握，因此，是口语流利的基础”[①]，是口头习惯的强化。也有研究证明，二语写作者的口头流利度和写作质量显著相关（Kobayashi & Rinnert 1992）。另外，输出假设也表明在学习语言过程中写作具有积极意义（Skehen 2000:19）。因此，研究二语写作在提高二语教学效果方面具有重要意义。

研究二语写作有利于提高二语写作教学水平。写作是一个复杂的认知过程。“从过程角度看，写作是一个复杂、循环和创造性的过程，或者是一系列行为，宏观地说，（写作过程）对于母语写作者和二语写作者非常相似”[②]。认知观写作理论强调“通过写作学习写作”。因此，学习写作就是要通过写作实践来实现。那么，写作过程中写作者经历了什么，发生了什么变化，有什么值得重视和学习的地方，这是提高教学效果的重要依据。因此，要重视写作过程研究，发现写作过程中积极的方法。二语写作是比母语写作更加复杂的认知过程，因此，开展二语写作研究，培训二语写作策略，提高学习者的策略意识和策略水平对于提高二语写作教学水平具有重要意义。

三、研究方法

（一）研究任务

通过前文分析，我们知道在二语写作中，母语就是提高二语写作水平的策略。母语使用贯穿整个写作过程，与二语之间相互转换，并共同建构

① 转引自 Richards, Jack C. The Language Teaching Matrix, Shanghai: Shanghai Foreign Language Education Press, 2002: 106,英文原文为“served to reinforce speech in that it stressed mastery of grammatical and syntactic forms; it thus served as the basis for aural fluency.”

② Silva, T. Second language composition instruction: developments, issues, and directions in ESL in B. Kroll ed Second Language Writing: Research insights for the classroom, Cambridge University Press, 1996: 16,英文原文为“From a process perspective, then writing is a complex, recursive, and creative process or set of behaviors that is very similar in its broad outlines for first and second langugae writers”

了二语写作过程。母语翻译是二语写作过程中的一个不可避开的写作环节。因此，我们通过翻译母语作文的方法把多因素影响的二语写作过程简化为一个单一的转写和输出的过程，方便我们研究和分析母语对二语写作的影响。因此，我们确定了研究任务和方法。

本研究对比用两种写作方法所产生的72篇英语作文，分析由于母语介入和学习者二语水平的影响所导致的二语语篇在语言和内容等方面的差异。本研究希望通过探究中国英语学习者在英语写作过程中母语影响效应和外语水平的关系，发现在二语学习的不同阶段母语对于二语写作的动态影响。一般来说，分析二语语篇主要涉及语篇的整体质量、语言准确度、句法复杂度、词汇特征、内容、动力、连贯、语篇特征、流畅性和修改（Polio 2002），本研究则聚焦于二语写作的流畅性。

我们确立了三个指标来衡量二语写作流畅性，即产出速度、准确度和复杂度，通过这些指标的变化，分析母语怎样影响二语写作流畅性。此外，我们参考二语水平、学习阶段和学习者信念等因素讨论母语影响的动态性。最后，通过问卷调查了解二语学习者对于母语使用的观点，以及在写作实践中的母语和英语使用状况，作为参考依据，以解释母语使用对于二语写作的影响。

1.定义二语写作流畅性

本研究的目的是探究母语使用和二语能力发展水平的关系，即在二语水平的调节作用下，母语使用对于二语输出的影响具有怎样的差异与变化。因此，我们关注的内容是二语输出的语言特征的变化。本研究聚焦于语篇的语言流畅性。

输出的速度是最经常使用的衡量流畅性的标准（张文中 1999）。但是，语言流畅性不仅仅是语言输出的速度，它还具有其他特征和标准。比如，“流畅性是这样的特征，它们使得讲话自然和正常…”①。这表明语言流畅

① Richards, Jack C. et al, The Language Dictionary of Language Teaching and Applied Linguistics, Beijing Foreign Language Teaching and Research Press, 2000. 英文原文为“Fluency is the features which give speech the quality of being natural and normal…”

性还体现在语言表达的通顺自然，符合语言习惯，不生硬拗口。Fillmore（2000）提出了三个衡量语言流畅性的标准：一个与连贯的质量和复杂度有关，一个与语用层面的恰当性有关，一个关系到创新性（比如，具有使用双关、开玩笑的能力，创造使用隐喻的能力）。Fillmore 的标准诠释了语言流畅性的意义和内涵。语言流畅的语篇应该具有连贯而丰富的内容，而且语言表达符合语用习惯，语言具有表现力，能够使用创造性的新颖的表达方式。因此，流畅性不能局限于考察语言输出的速度，也要考虑内容和语言质量。语言流畅性体现了语言输出的流利程度和熟练程度，反映了灵活驾驭语言的能力。

本来流畅性是指口语表达的熟练程度，通过速度和语言处理轻松程度反映出来。流畅性这个概念也可以应用于二语写作的分析（Wolfe-Quintero et al 1998:19）。在分析二语作文语言特征，讨论学习者二语语言能力发展的时候，Wolfe-Quintero et al 认为流畅性是一个时间现象，把流畅性定义为在一定的时间段内使用的单词数量和语言结构数量。Chenowith et al（2001）也把“写作流畅性定义为语篇产出速度，通过准确度、语法和词汇复杂程度和恰当程度这些特征而体现的语言熟练程度，作为（和流畅性）相关的但截然不同的概念，将不会得到处理”①。但是，“流畅性”并不只意味着写作者写作速度有多快，而是他写出的文字读起来与本族语相像的程度。因此，写作“流畅性”体现的是学习者驾驭目标语的熟练程度。有些研究者认为对写作流畅性的测量应该增加包括一般用来测量句法复杂程度和词汇丰富程度的指标（Wolfe-Quintero et al 1998：14）。

写作流畅性不同于书写流畅性，即正如 Chenowith et al 所定义的，指写作者能多快地写出文本，用输出速度所衡量。写作流畅性体现为文本的语言特征，反映了写作者熟练驾驭语言的能力。根据上文张文中、Rchards

① Chenowith, Ann N. & Hayers, John R. Fluency in in writing: Generating text in L1 and L2, Written Communication, 2001, 18(1): 80-98.英文原文为“…define written fluency as the rate of production of text …proficiency – reflected in characterstics such as accuracy, grammatical and lexical complexity and appropriateness – as a related but distinct concept that we will not treat.”

和Fillmore关于流畅性的论述，在本研究中，写作流畅性不仅指书写速度或者文本输出速度，也指文本语言的自然、正常和地道程度所体现的文本特征。它反映了写作者轻松自如的产出文本并有效交流思想的能力，同时语言流畅表达清楚，不给读者造成理解困难。

2.写作流畅性的指标

我们通过评价写作流畅性的指标体系衡量写作流畅性，该体系包括输出速度、语言复杂度和准确性。

（1）输出速度

输出速度指书写流畅性，研究人员使用不同的测量指标表达书写流畅性，包括语篇的单词数、从句数、句子数、T单位数，也有的研究用语篇的从句、句子、T单位、正确从句、正确T单位的平均单词数衡量书写流畅性。本研究用语篇的长度，即语篇的单词数，作为衡量语篇书写流畅性的指标。

（2）语言复杂度

语言复杂度包括语法复杂度和词汇复杂度两个指标。语言复杂度衡量写作者驾驭语言的能力。如果他能在有限的时间内使用多样化的句型和词汇，说明他的语言熟练程度很高，语言表达流畅。因此，关于流畅性和语言复杂度的关系，Wolfe-Quintero et al做出如下总结：

“我们认为，流畅性不仅仅意味着在有限的时间内使用了更多的单词和更多的结构…流畅性不是一个测量单词和结构多么老练和准确的指标，而是指在一个特定的时间段内一个写作者能够在其文本中写进去的纯粹的单词数和结构单位数。”①

在本研究中，我们把复杂度当作写作流畅性的指标之一，因为，语言复杂度反映了学习者驾驭语言的能力，体现了语言的成熟度。本研究的语

---

① Wolfe-Quintero, K., Inagaki, S. & Kim, H-Y. Second Language Development in Writing: measures of fluency, accuracy and complexity, University of Hawai'i, 1998:14。英文原文为“In our view, flueny means that more words and more structures are accessed in a limited time…Fluency is not a measure of how sophisticated or accurate the words or structures are, but a measure of the sheer number of words or structural units a writer is able to include in their writing within a particular period of time”

言复杂度通过语法复杂度和词汇复杂度体现。

①语法复杂度指标。Wolfe-Quintero et al（1998：107）认为语法复杂度指“可获得的和可以快速提取的基本的和老练的结构的多样化的广度，而缺少语法复杂度则指可获得的或可提取的基本结构只有狭窄的范围。”① 分析语法复杂度就是分析输出单位的多样性和复杂精密程度。评估语法复杂度的指标有两个。一个是结构单位的平均长度，具体指T单位的单词数。我们测量句法复杂度的方法通常使用T单位作为测量指标，因为T单位的界定相对简单（Polio 2002）；另一个是一个结构的出现频率，比如被动句或者独立从句的频率。

关于语言复杂度的测量，T单位复杂度是很稳定的指标。Wolfe-Quintero et al有如下论述：“从句是语言发展的一个重要成分。在不同研究中，一般说来，T单位复杂度的增加（每个T单位从句数量或者C/T）和语言熟练程度之间具有线性关系，无论任务、目的语、显著性或语言熟练程度如何定义。”②

不论学习者的水平如何定义，T单位复杂度总能准确反映学习者语言水平的变化。因此，T单位复杂度是最常见的评价语法复杂度的方法。

根据Wolfe-Quintero et al，有三种指标衡量语法复杂度，即T单位长度、正确的T单位长度和从句长度（T-unit length， error-free T-unit length和clause length）。“在各研究中，无论任务、目标语、结果的显著性和熟练水平如何定义，这三种指标的增长与用课程水平、年级水平、总体评分

① Wolfe-Quintero, K., Inagaki, S. & Kim, H-Y. Second Language Development in Writing: measures of fluency, accuracy and complexit: 69。英文原文为“Grammatical complexity means that wide variety of both basic and sophisticated structures are available and can be accessed quickly, whereas a lack of complexity means that only a narrow range of basic structures are available or can be accessed.”

② Wolfe-Quintero, K., Inagaki, S. & Kim, H-Y. Second Language Development in Writing: measures of fluency, accuracy and complexity: 97-98。英文原文为“Clauses appear to be an important component of language development. The T-unit complexity ratio (clauses per T-unit, or C/T) generally increased in a linear relationship to proficiency level across studies, regardless of task, target language, significance, or how proficiency was defined.”

所定义的熟练程度始终呈现线性关系。”[①]因此，这些写作流畅性指标能反映写作能力发展水平，也反映语言能力的发展水平。T单位长度（即T单位平均单词数）容易计算，并且准确反映语法复杂度（Kobayashi & Rinnert 1992）。本研究将使用T单位长度分析语法复杂度。

②词汇复杂度指标。词汇复杂度“基本上指作文所体现的二语写作者的产出性词汇的范围（词汇变化）和规模（词汇精密度）。”[②]词汇复杂度不仅关系到作文中出现了多少单词，也涉及词汇和词类的变化和精密度（Wolfe-Quintero et al 1998）。词类/词形比被用来测量词汇变化和词汇精密度。但是，词汇词/总词汇比（LW/W）和词类词/总词汇比（WT/W）不是准确的计算方法，因为文本的长度没有被考虑到，导致不同作者的词汇精密度不能被准确反映。有时候较长的语篇的词类/词形比更低，因为长语篇的词类重复比短语篇多。Carroll（1967）提出使用词类/词形比去计算词汇多样性和词汇复杂度，即用词类数除以二倍词形数的开平方根所得比率（$WT/\sqrt{2W}$）。该方法考虑到文本长度，利用此方法计算词类/词形比，避免了长文本的词类/词形比低于或等于短文本的情况，即得出地词类/词形比能反映长文本的词类数高于短文本词类数，因此，更加准确地反映了词汇变化和词汇精密度。本研究采用Carroll的方法计算词类/词形比。

（3）准确度指标

研究者通常测量写作文本的语言准确度以对比不同写作过程或教学方法对二语写作的影响。准确度的测量方法是通过去掉错误语言单位，得到正确语言单位在文本中所占比率，比如，常用正确T单位比表示正确度。Kobayashi & Rinnert（1992）就曾使用测量语言正确度的方法，探究两种不

① Wolfe-Quintero, K., Inagaki, S. & Kim, H-Y. Second Language Development in Writing: measures of fluency, accuracy and complexity: 29,英文原文为“These three measuresconsistenly increased in a linear relationship to proficiency level which are defined by program level, school level, or holistic rating, across studies, regardless of task, target language, significance of the results, or how proficiency was defined”

② Wolfe-Quintero, K., Inagaki, S. & Kim, H-Y. Second Language Development in Writing: measures of fluency, accuracy and complexity: 101,英文原文为“Lexical complexity is manifest in writing primarily in terms of the range (lexical variation) and size (lexical sophistication) of a second language writer's productive vocabulary.”

同的写作方法（翻译法和直接法）对学习者二语作文所造成的影响。

本研究对比分析英汉两种语言差异，探究母语使用怎样影响二语语篇的语言准确性。我们使用正确T单位（EFT）比作为评价准确度的指标。

首先，识别并去除有错误的T单位，确定正确T单位。杨达复在《英语错误型式分析》中定义“错误”“是一个写作输出序列，其中的一定成分或成分组合违反了标准英语用法的语言规范（Yang 2000：107）”①。根据他的外语学习者英语错误型式分类系统，我们判断一个T单位是否正确或错误。然后，我们统计并减去错误T单位数量，就得到正确T单位数量。我们只识别错误，不考虑错误的种类和产生的原因，因为，“正确单位（从句或T单位）可以像一个个错误一样去计数，错误分不分类都行（Polio 2002:94）”。②因此，在本研究中，不论一个T单位中有多少错误，也不论其错误类别或造成该错误的原因是什么，只要它包含一个错误就只被记作一个错误T单位。

（二）研究过程

因为要考察学习阶段和语言水平介入影响二语写作过程，引起母语对二语写作影响的差异和变化，我们控制写作过程而讨论在不同的学习阶段或语言水平的条件下，母语使用对二语写作的影响有什么差异和变化。这里对比学习者通过翻译法写作过程和直接法写作过程所写的英语文本，探究母语影响二语写作的跨语言水平差异，揭示母语影响和二语能力发展的关系，即，对于不同学习阶段或学习水平的学习者，母语使用怎样影响他们的二语写作的流畅性。我们分析了三个二语水平的二语写作者在两种写

① Yang，D，EFL Error Patterns in China，Xi'an: Shanxi People's Press，2000:107. 英文原文为“… a sequence of written production in which a certain constituent or combination of constituents violates any linguisitic norm of standard English usage.“

② Polio，C. Research Methodology in Second Language Writing Research: the case of text-based studiesinT. Silva & P. K. Matsuda eds On Second Language Writing，Lawrence Erlbaum Associates Publishers，2002:94. 英文原文为“Error-free units（clauses or T-units）can be counted as can individual errors，with or without classification of those errors.”

作过程中产生的二语文本的语言差异。另外，不同的二语学习者对于母语使用有不同的感知和态度，因此，本研究也调查了他们对于母语使用的反应，我们在讨论部分作为参考。

1.研究设计

本研究涉及两个自变量（写作过程和学习阶段或二语水平）和一个因变量（二语写作流畅性）。其目的是分析二语写作过程中，学习阶段或二语水平怎样调节母语对二语写作的影响。我们的研究方案采用了3×2（3个二语水平×2个写作过程[母语（翻译）写作过程和二语写作过程]）设计，分析过程采取定性和定量分析结合的方法，描述和探索母语使用对二语写作的影响及其变化规律。

通过写作实验收集作文。所有作文（用英语（包括根据汉语作文翻译的）写的和用汉语写的）收集上来后交给老师评分，合格的作文留下来作研究材料。这些作文经过分析，识别T单位和从句，人工检索这些语言单位，最后进行定量分析和定性分析。定量分析内容包括：（1）T单位长度、正确T单位比、从句/T单位比、词类/词形比等；（2）结合语言特征和二语水平，分析母语使用对于二语写作的影响。从词序、选词和句法方面对比汉语和英语的差异。定性分析过程：结合问卷调查和访谈，了解受试对母语使用的态度和实验过程中的写作体验，定性分析母语对二语写作的影响。

2.分析材料

分析材料是用两种写作过程所写的英语作文：（1）直接法写作过程：受试学生要在30分钟内写一篇英语作文，题目是“comparing high school life and college life”。（2）翻译法写作过程：受试学生要在30分钟内写一篇汉语作文，题目是“对比乡村生活和城市生活”，然后翻译成英语，时间不限。（3）问卷：在学生完成写作任务后，发下问卷，调查他们的学习策略水平和对于二语写作中使用母语的态度。（4）访谈：随机抽取受试学生访谈，内容涉及写作过程中的感受和态度。

3.具体实施过程

（1）选择受试

受试学生是36位西安某高校非英语专业的大学生。他们学习英语的时长大概6年到9年，其二语水平被分为三个水平，分别对应他们在校的年级，即大学一年级、二年级和三年级。

一年级学生为笔者的学生，因为这样选择样本方便。该班级共有31人，抽取样本的方法是根据名单，隔一个抽取一个受试，确定20人参与实验。另外两组参与者分别是笔者两位同事的学生。他们依据学生是否感兴趣，选择参与实验的学生。在实验之前，老师向学生解释研究目的和研究意义，并告知受试学生所收集的数据和信息只用于研究，并向他们保证不会泄露个人信息。如果他们没有兴趣参与实验，可以选择不参加。因此样本的选择过程不受研究者的主观影响。

（2）选择文本

作文收上来之后交给老师评分，得分太低的文本被剔除，因为质量太差的作文里面语法错误和单词拼写错误太多，导致分析困难。符合我们选择标准的作文得分不低于50分。

（3）实验过程

第一天：把写作试卷发给受试学生，然后让他们写下各自姓名，以“comparing high scholl life and college life”为题写一篇英语作文。他们可以查字典，但是必须在三十分钟内完成写作，字数不少于100个单词。

第二天：发试卷给受试学生，然后让他们写下自己姓名，用汉语写作文一篇，题目为“比较乡村生活和城市生活”，时间为三十分钟，字数不少于200个汉字。

写完汉语作文后，休息二十分钟，然后发答题纸，让他们写下姓名，之后要求他们把汉语作文翻译成英语。可以查字典，翻译完英语之后立即把汉语和英语作文一起交上来。

两篇作文收上来之后，把问卷分发下去，填写完问卷之后随机访谈受试学生，其他人可以离开教室。

4. 作文评分

为了避免学生的书写影响评分的效果，我们把英语和汉语作文输入电脑，分别打印两份分给四位老师评分。两位英语老师，两位教中文的老师。两位英语老师的评分平均之后是每篇作文的得分。两位老师的评分相关系数为r=0.83，p=0.05。两位中文老师的评分相关系数为r=0.70，p=0.05。每篇汉语作文的得分为两位老师的评分的平均值。

5. 语料标注

参照已经确定的标注系统标注英语文本，具体操作参照附录部分（附录4）。主要标注T单位、从句（小句）、连接词和语法错误。

（1）T单位的定义

人们通常根据T单位长度判断语篇的句法复杂度。那么，什么是T单位？T单位是最小的终止单位，即“一个主句，并带上所有附加的从句”①。比如，

①Comparing to high school life, college life means more freedom.

②Slowly, he got to his feet and shuffled forward.

句①是一个T单位，因为它包含一个主句和从属于主句的分词短语。句②包括两个T单位，因为有两个由and引导的并列从句（两个从句形式上是并列谓语部分，或者把第二个从句看作主语承前省略），因此，该句子可以被看作两个相对独立的主句。因此，一个包含并列关系从句的复杂句可能包含多个T单位，而一个独立的简单句只构成一个T单位。

（2）并列从句

根据Geoffrey Leech et al （1991：7），主句是一个能独自存在的简单句。复合句是包括主句和附加从句的句子。根据从句在复合句中的出现的方式，即各从句的地位是同等的还是有主次之分，从句一般可以分为两类：并列从句和主从关系的从句（或分句）。

并列从句指能够被连接起来的句子在复合句中具有同等地位。比如，

① Hunt, K. Recent measures in syntactic development, Elementary English, 1966(43):732-739, 英文原文为“one main clause with all the subordinate clauses attached to it.”

You scratch my back and I' ll scratch yours。在这里，两个从句 you scratch my back 和 I' ll scratch yours 被并列连词 and 连接起来，而且地位相等，因此两个是独立的主句（冯翠华 2000：17）。有时候，当并列从句是同一个主语时，后面从句的主语就承前省略了。比如，He washed the car， and he polished it 可以是 He washed the car and polished it （亚历山大 1991:19）。此时，两个从句仍然被认为是两个并列从句。在标注作文文本的时候，具有同样结构的句子被看作一个复合句（compound sentence），可以被划分为几个T单位，因为该复合句中的各个从句具有同等的地位。

T单位长度反映了语言成熟度和复杂度（Hunt 1966），T单位越长，语言越成熟，语言复杂度越高。平行结构影响语言的复杂度。如果从句按并列模式排列，或者句子结构简单按先后顺序摆放一起，那么，按照逻辑顺序或者层级顺序排列思想内容的方式就受到阻碍，句子结构之间的联系相对松散，因而这些平行结构可以看作独立存在的简单句，被分割成不同的T单位。在分析这种省略主语的复合从句的时候，可以补全主语，得到几个独立存在的简单句。因此，在本研究中，这种复合句的并列谓语部分可以被分为不同的T单位。

（3）从属分句

从属分句是从属于主句的语法结构，因为它们或者是其他从句的成分，或者是一个从句内部短语的后置定语。比如，①If you scratch my back， I'll scratch yours。②The person whose back I scratch should scratch mine。句①的 If you scratch my back 和句②的 whose back I scratch 是从属分句。它们服务于主句，为主句的发生提供前提条件，或者修饰主句内部的成分。

识别从句的类型，可以通过它们的内部结构，也可以通过它们的功能。根据从句的内部结构，有的从句是结构完整的句子，这样的从句归类为限定性从句。有的从句构成是分词短语或动词不定式，这样的从句归为非限定性从句。从功能角度划分，有的从句具有修饰和限定主句谓语发生的时间和原因，可以分为时间状语从句和原因状语从句等。我们依据限定性从句的指标去评价语法复杂度。限定性从句包括：名词从句、状语从句、关系从句、比较从句和介词从句，在标注时一律标注为[cl]。复合句由若干从句构成，而且其包含的各从句在整个句子中具有相同的重要性，即，是并列从句。因为整个复合句中的句子或从句属于并列关系，具有相同的地位，其中的每个从句都可以充当一个独立的简单句。因此，包含并列从句的复合句有更多的T单位，而包含从属分句的主从复合句只有一个主句，只能被划分为一个T单位。具体从句和T单位标注的方法参照附录4。

6.调查问卷

问卷包括四部分：第一部分调查实验对象基本个人信息。第二部分调查实验对象对于在写作中直接使用英语写作和使用母语策略的认识。第三部分调查实验对象使用母语思维和二语思维的状况，以及选择不同语言思维的量和二语水平的关系。第四部分作为实验后的访谈，调查实验对象在写作实验的过程中实际使用写作策略的状况及其感受。问卷数据被整理后利用统计软件进行分析。

（三）研究问题

本研究旨在通过分析不同二语水平的学习者在二语写作中母语使用的影响效果，探究母语使用对二语写作的影响怎样随着二语写作过程的不同而呈现的动态变化。主要研究问题如下：

①母语使用对于二语写作流畅性具有怎样的影响？

②母语使用对二语写作流畅性的影响是否因为二语水平变化而导致效应不同？

③对于母语使用影响二语写作，二语学习者具有怎样的感知和评价？

（四）研究假设

本研究用定量分析的方法分析二语文本的语言特征，探究母语影响随着二语水平的变化而改变的动态规律。分析数据包括文本长度、T单位长度、从句比率等流畅性指标和问卷调查结果。在分析实验结果的过程中，将对比：①两个写作过程所产生的文本的这些质量指标；②不同语言水平的写作者的两个写作过程所产生的文本；③结合问卷调查和访谈分析母语使用对二语写作影响的动态性和复杂性。

因此，结合上述分析和研究问题，本研究提出如下假设：

假设一：两个不同写作过程所产生的二语文本的基本语言特征具有显著的不同。

预测1：从文本长度来说，从汉语文本翻译而来的二语文本比直接用英语写作的二语文本长。

预测2：从T单位长度来说，从汉语文本翻译而来的二语文本比直接用英语写的二语文本长。

预测3：从词汇多样性角度分析，从汉语文本翻译而来的二语文本比直接用英语写的二语文本高。

预测4：从正确（EFT）T单位比来说，从汉语翻译而来的二语文本比直接用英语写的二语文本低。

预测5：从语法复杂度分析，从汉语文本翻译而来的二语文本有更高的语法复杂性，因为母语使用促进二语写作者更容易提取词汇和构造句子。

假设二：两种不同写作过程所产生的二语文本具有不同的语言特征，而且这些语言特征的差异会随着写作者二语水平的不同而变化。

预测6：写作者二语水平越高，其两种写作过程所写二语文本越长

预测7：写作者二语水平越高，其两种写作过程所写二语文本的T单位越长。

预测8：写作者二语水平越高，其两种写作过程所写二语文本的词汇多样性也越高。

预测9：写作者二语水平越高，其两种写作过程所写二语文本的正确（EFT）T单位比越高。

预测10：写作者二语水平越高，其两种写作过程所写二语文本的语法复杂性越高。

假设三：学习者对于母语使用对二语写作的影响的感知是不同的。

预测11：使用母语策略学习者能产生更高质量的二语作文，文本内容更丰富，文本长度增加。

预测12：相对来说，母语使用能提高低水平二语学习者的二语写作质量，对高水平二语学习者来说，母语使用则阻碍其二语写作的流畅性。

预测13：母语使用和翻译策略使得二语写作过程比直接用英语写作更加复杂困难。

四、结果与讨论

基于前面的假设，本节对实验所获得的材料和数据进行分析。首先，描述两个不同写作过程产生二语文本的语言特征，以及对于不同二语水平的学习者，两种写作过程产生的文本有什么差异，展示不同二语水平学习者所受母语影响的差异及其规律。然后，结合问卷和访谈结果，分析前述不同写作过程和不同二语水平影响下的二语文本差异。

（一）母语影响下的二语文本的语言特征

本节报告两种写作过程产生的二语文本的语言特征，并把结果和前文的研究假设进行对比，揭示母语使用对二语文本语言的影响。主要从如下方面分析：①文本长度、句子长度、句子数量和从句类型；②词类/词形比和单词数量；③平均句子长度和文本长度；④T单位数量和T单位长度。

表11-1　两个写作过程所产生二语文本的基本语言特征

	翻译法	直接法
单词	9801	7141
句子	618	505
T单位	893	701
正确T单位(EFT)	570	506

续 表

	翻译法	直接法
词类	4666	3646
限定性从句	238	219
非限定性从句	199	162
复杂句	382	328

表 11-2 文本长度

	一年级	二年级	三年级	均 值
翻译法	266.79	302.45	183.55	250.93
直接法	199.29	215.73	179.82	198.38

表 11-3 从句/T 单位比率

	一年级	二年级	三年级	均 值
翻译法	0.42	0.44	0.42	0.43
直接法	0.43	0.49	0.52	0.47

1. 假设一的证据

表 11-1 展示了两个写作过程所产生的二语文本的语言特征。表 11-2 显示了二语文本的平均句长随着不同写作过程而变化。一般说来，翻译法所产生的二语文本长度比直接法产生的文本长（250.93 vs 198.38，T=3.88>2.03）。尽管三年级学生的文本更短，他们使用翻译法所写的二语文本比直接法所写文本长（183.53 vs 179.82）。翻译法二语文本的词类/词形比率大于直接法二语文本（34.62 vs 30.51，T=4.18>2.03）。这个结果证明了以前的研究结论（Kobayashi & Rinnert 1992），即母语使用有利于提取信息和构思思想内容。“使用母语使许多学生能够在自己的知识和认知层面充分探索思想内容。而那些二语语言技能受到限制以至于阻碍通过二语写作探

索意义的学生则能从用母语发现和探索思想内容方面受益，特别是在写前阶段和计划阶段。”[①]翻译法所写二语文本的T单位平均长度比直接法短（10.16 vs 10.42，T=–0.47， P=0.32，参见附录表25）。而翻译法二语文本的语言复杂度比（从句/T单位比）低于直接法二语文本（0.37 vs 0.46， T=–3.25，P=0.01，参考附录表23），与假设不符。翻译法降低了语言的准确度或正确T单位比（0.64 vs 0.74， T=–3.25， P=0.00，参考附录表22）。

2. 假设二的证据

一般说来，写作者的二语水平影响二语作文的思想内容和语言质量。二语水平越高，写作者能用二语表达的思想模块和句法越复杂（Whalen & Menard 1995）。但是本研究发现，二语作文的语言复杂性和准确性既受到二语水平的影响也受到写作过程的影响。两个写作过程和二语水平产生交互作用影响二语写作，导致母语使用对二语写作的影响因为学习者二语水平的不同而产生复杂的变化。下面将从T单位长度、文本长度、正确T单位比、语法复杂性和词类/词形比等方面分析并解释写作过程和二语水平怎样共同影响二语写作中的母语使用效果。结果表明，对于不同二语水平的学习者来说，翻译法写作过程对二语作文具有不同的影响，表明母语使用对二语写作的影响具有跨语言水平差异。

表11–4　T单位长度

	一年级	二年级	三年级	均　值
翻译法	9.65	11.05	9.85	10.18
直接法	9.27	10.69	11.11	10.36

第一，表11–4表明，对于一年级和二年级学生来说，使用翻译法比直接法使得他们能够写出更多的复杂句（9.65 vs 9.27和11.05 vs 10.69），而对于三年级学生来说，他们使用翻译法写的复杂句比使用直接法减少了（9.85 vs 11.11）。这个结果与Kobayashi & Rinnert（1992）的发现不同，即

① Wen，Q. Applied Linguistics: Research Methods and Thesis Writing，Beijing: Foreign Language Teaching and Research Press，2002:204.

高水平和低水平的二语学习者都能从使用母语中受益，“在翻译法文本中，从T单位的单词数看，（学习者）使用更复杂的句子”①。这也与研究假设只存在部分一致。前文假设：从汉语翻译的二语文本比用英语直接写的二语文本的T单位长。对于一年级和二年级学生来说，翻译法使得他们能写出更复杂的句子，而三年级学生通过翻译法写出的句子却比直接法写出的句子简单，T单位单词数减少。为什么会出现这个不一致的现象？为什么T单位没有像Wolfe-Quintero et al（1998）所说，随着语言水平提高而增长？我们推测，也许因为三年级学生没有重视写作任务，不太注意语言形式和内容。他们提交的汉语作文只是为完成实验任务而写的短文，因此，他们写的复杂句更少。为什么三年级学生翻译法所写的二语文本的T单位比直接法短？母语使用对不同水平学习者的二语文本T单位长度产生了跨语言水平的影响吗？对于这些问题，我们将在“（二）讨论”部分第一节“语言复杂度”讨论。

第二，二年级学生二语语篇平均长度是最高的，而不是三年级学生，与假设（随着二语水平增加二语文本长度增加）不一致。这可能因为实验本身导致，比如，实验人员对学生提出不同要求影响实验结果。如果实验老师要求严格，学生可能会因为老师的要求而慎重对待写作任务，可能会认真对待实验，因此，学生所写的文本可能会由于外部因素而影响实验效果。三年级学生属于高年级的学生，可能对学校生活熟悉，对待实验态度可能也不够严肃，于是缺乏耐心和配合。因此，他们写出来相对较短的文本。但是，对于三年级学生而言，他们使用翻译法所产生的二语文本比直接法的文本长是毋庸置疑的。这也证明了母语使用在构思内容方面对于二语写作具有积极作用。

第三，正确T单位比总体呈现下降趋势（0.64 vs 0.72 参见表11-5）。一年级学生受到翻译法写作的负面影响最大，二年级学生受到翻译法写作

① Kobayashi, H. & Rinnert, C. Effects of first language on second language writing: Translation versus Direct Composition, Language Learning, 1992, 42(2): 183-215.英文原文为“students of both proficiency levels…used more complex sentences in terms of words per T-unit in their translations.”

的负面影响较小，而三年级受到的负面影响最小。对于三个水平的学生来说，正确T单位下降比分别是10%、8%和5%。也许因为他们的语法知识和翻译技能存在差异，母语使用对不同语言水平的学生的语言准确度具有不同的影响。因此，母语使用对二语写作的影响受到二语水平的介入影响。对于不同二语水平的学习者，母语使用的消极作用是不同的。二语水平越高，母语对语言正确度的消极影响越低；反之亦然。

第四，从句/T单位比的差异体现了母语使用对语法复杂度的影响（表11-3)。翻译法降低了语法复杂度，而且对三年级学生的影响最明显。对于三个水平的学生来说，语法复杂度下降比率分别是1%、5%和10%。从语法复杂度下降比率来看，母语使用对二语写作的消极影响随着二语水平的提高而呈现线性增长的趋势。换言之，高水平学生（三年级学生）使用直接法写作时，语言复杂度相对较高；而用翻译法写作时，他们的语言复杂度又显著降低，变化幅度最明显。高水平（三年级）学生翻译法写作的英语文本语言复杂度降低可能是因为他们对自己的翻译水平更加自信，翻译的时候力求忠实于原文。所以，他们可能较多采用逐字逐句的方法翻译，这样就把汉语作文中的平行结构或连动结构迁移到英语文本中（表11-10)。但是，对于中等水平学生（二年级学生）来说，翻译法文本的语言复杂度却是三组最高的，说明他们受到母语消极影响较小，或者说，他们在翻译母语的时候没有采用逐字逐句地翻译法，而是使用一定的翻译技巧（比如，意译），无意之中避开了母语迁移的影响。

第五，词类/词形比变化表明，三组学生的词汇复杂度均呈现下降趋势，与二语水平发展趋势相反（表11-6)。在翻译法的二语文本中，词类/词形比分别为21.50、20.90和17.12；在直接法二语文本中，词类/词形比分别是18.64、18.10和11.16。对比两种方法对于不同二语水平学习者的影响，可见翻译法对词汇复杂度的影响由于二语水平的不同而产生不同的效果。三组学习者的翻译法二语文本词汇复杂度的增加幅度不同，分别增加了2.76、2.84和1.13。

总之，通过对比翻译法和直接法写作过程所产生的二语文本的语言特征，可以发现母语使用对于二语写作的影响受到二语水平的调节作用，即，在二语写作过程中，母语对二语写作的影响因为二语水平的差异而产生不同的效果，导致母语使用对于不同二语水平的学习者在不同的流畅性指标上产生积极或消极的影响。1）母语使用增加了三个年级学生的二语文本长度，这个发现与假设（预测1）一致。不过三年级学生的文本长度增长的幅度最小，低于一年级和二年级学生的增加幅度。2）关于T单位长度，一年级和二年级学生写出来更长的T单位，表明他们受益于使用母语。三年级学生似乎受到母语的负面影响，或者使用母语对三年级学生的语言复杂度产生负面影响，因为T单位长度从11.11下降到9.85。3）对于三组学生来说，母语使用降低了正确T单位比，即语言正确性，但是对低水平学习者产生的消极影响较大，高水平者受到消极影响较小。4）翻译法增加了二语文本的词类/词形比，表明母语使用提高了二语文本的词汇复杂度。但是，其积极效应对低水平者影响较大，对高水平者影响较低。5）从文本的语法复杂度分析，母语使用对一年级和二年级学生具有积极影响，提高从句/T单位比和T单位长度，对三年级学生具有消极影响，降低其语法复杂度。

3. 假设三的证据

问卷调查结果表明学生对于二语写作中使用母语的态度和感知。1）一般来说，在文章组织和内容生成方面，学生认为汉语思维能帮助他们提高二语写作质量（均值是3.56和3.72，得分较高），但是英语思维在这两方面的积极影响不如汉语思维（均值为3.47和3.17，得分一般）。2）在词汇多样性、衔接与连贯方面，使用汉语思维似乎没有积极影响（均值为2.75和2.44，得分较低）。3）在句法多样性方面，汉语思维有一定的积极影响（均值为3.19，得分一般）。在句法多样性和衔接与连贯方面，英语思维明显有利于提高二语写作质量（均值为3.81和3.31，得分较高）。4）为了提高二语水平，学生认为更多锻炼用英语思维是非常重要的（均值为3.14，得分一般），认同使用英语思维的必要性。而对于是否有必要提高他们的汉语水平，学生认为有必要（均值为3.39，得分一般），而且对提高汉语水平必要性的认同超过了对使用英语思维必要性的认同。5）对于学生来说，汉语思维能帮助提高他们的英语学习（关于汉语思维阻碍英语写作的问题是一道逆向问题，均值为2.94，得分较低，证明学生支持母语思维有助于英语学习的观念）；但是他们一致认为，在英语学习中，学习用英语思维是最重要的（均值为4.69，得分非常高）。6）在平时用英语写作的时候，他们在写作过程中既有英语思维，也有汉语思维（83.33%）。学生的学习信念和他们的学习行为有所不同，因此，要提醒学生注意使用恰当的学习策略。7）关于他们在实验中的写作体验，他们认为翻译法写作比直接法写作难，而且，在直接法写作中，他们英语和汉语同时使用。

（二）讨　论

上文报告了实验和问卷调查的结果。通过对比不同的写作过程产生的文本的语言特征，我们发现母语使用对于二语写作的流畅性产生一定的影响，而且母语对二语写作的影响具有跨语言水平差异。对于不同的流畅性指标和不同的二语水平的学习者来说，母语使用的影响效果不同。母语使用对语言复杂度、准确性和输出速度的影响随着二语水平的不同而变化。

1.语言复杂度

前文［“（一）母语影响下的二语文本的语言特征”的第二节“假设二的证据”］表明，对于高水平二语学习者来说，母语使用降低了T单位长度和语言复杂度（表11-3和表11-4）。句法复杂度是衡量语言复杂度的指标之一。母语迁移影响二语语篇的句法复杂度。翻译法二语文本句法复杂度降低是因为汉语句法迁移到英语句子里。因为翻译的时候采用逐字逐句的翻译方法，汉语里的复合句句型和连动句式被一成不变地迁移到英语句子里。分析汉语句子的句序和相应的英语句子的句序可以让我们认识到母语迁移对于二语写作在语言方面的影响。下面我们对比分析一些例子，探究母语迁移如何影响翻译法所写的二语语篇的句子结构。

（1）复合句结构的迁移

①由于工业发展的要求，城市的环境遭到严重的污染，并且城市永远

处于喧嚣和杂乱之中。相反的是农村的环境保护的相当的好，空气清新，就连天空也要比城市的蔚蓝，永远那么宁静没有喧嚣。

Because of the industrial development, the environment in the city is seriously polluted and the city always noisy, on the contrary, the environment in the countryside is very good, the air is fresh and the sky is blue and without noise.

②远望，那是一片郁郁葱葱的绿，零零星星的点缀些小舍，带点红光，被蜿蜒盘旋的崎岖羊肠小道所串，偶尔还有一股清泉冷不丁的从脚底下划过。

Look afar, that is a piece of green, some small rooms adorn in it, and the rooms seems to be red, these rooms were joining together by the narrow roads, often, a small river walks on your foot.

这两句英语句子包含了并列从句。这些并列从句的构造是因为受到汉语迁移或字面翻译汉语句子影响所致。这可以从分析其对应的汉语句子的典型特征得到解释。句子①中，第二个汉语句子（“相反的是…，永远那么宁静没有喧嚣”）是一个独立的复合从句（冯翠华 1997：18-20）。在这个复合句中，第一个从句和其他从句是并列关系，尽管其他从句（“空气清新，就连天空…没有喧嚣”）是附加的成分，用来修饰第一个从句。所以，当把这个复合句翻译成英语句子的时候，这些从句被简单的当作并列从句而处理，而它们的隐含的修饰和被修饰的层级关系被忽视了。于是汉语的复合句型被迁移到英语句子，导致了翻译的英语句子中的从句是平行关系。

（2）连动结构的迁移

③城市中的上班族草草吃过早饭，拿起公文包，踏上了上班的征程，农村的妇女们早早起床，开始为一家老小准备早饭。

The working people who live the city finish their breakfast quickly, take along their bags and go to work. The women in the country get up early and prepare the breakfast for the whole families.

汉语句子③是由连动句型构成的两个并列复合句，因为两个复合从句还包含更低层级的从句，而这些更低层级的从句有一个共同的主语，分别是“城市中的上班族”和“农村的妇女们”，后面的一系列动作持续或同步发生，即初始的动作后面跟着其他动作或行为。因此，句子③包含两个连动结构序列。如果翻译成英语的时候不注意动作之间的隐含层级关系，就容易翻译成连续的一系列动作，把层级结构转换成并列结构。因此，忽视连动结构的翻译容易导致母语负迁移的影响。接下来我们探究如何识别和翻译连动结构，避免母语负迁移的影响。

汉语中连动结构中动作的关系可以分为五类（周志培 2003：299-300），在本研究中简化为三类。

第一类，连续关系（指两个动作连续发生），比如

④肃领命来见孔明。

第二类，并列或同步关系（指两个动作是平行关系或同时发生），比如

⑤阿Q到了墙壁跪着也发楞。

第三类，目的关系（指第二个动作是第一个动作的目的），比如

⑥老通宝就到镇里去想法借钱买叶。

⑦他们决计出门求食去了。

连动结构的翻译可以根据谓语部分的动作的隐含关系分别翻译为：一、连续关系的连动结构可以翻译为并列谓语；二、平行或同步关系的连动结构可以翻译为带有分词短语、介词短语和副词的状语部分，表明行为的状态或者行为发生的物理环境；三、目的关系的连动结构可以翻译为动词不定式、介词短语、条件从句或者时间状语从句，表示行为发生的条件。比如④⑤⑥⑦句可以分别翻译为：

Lu Su went to see Kongming.[①]（目的）

（或 Lu Su accepted the order and went to see Kongming）（并列）

Ah Q kneeling facing the wall was dumbfounded， too.（状态）

---

① 汉语例句及其翻译引自周志培：《汉英对比与翻译中的转换》，上海：华东理工大学出版社，2003：299-309页。文中加括号的英语翻译是笔者所翻译。

Old Tong Bao went into town to borrow money for more leaves.（目的）

Then he made up his mind to go out in search of food.（目的、状态）

如果把句子的结构按照上面提出的翻译策略（周志培2002：307-309）重新处理，上述学生通过翻译法所写二语文本的英语句子可以被重新翻译为更加简洁地道的英语句子。句③可以翻译为：

The working people in the city, after breakfast, take along their bags to go to work. The women in the country, get up early to prepare food for the whole family。

通过把连动结构“拿起公文包，踏上了上班的征程”中的两个连续动作分别翻译为限定性句子和动词不定式作目的状语，就把原来翻译为用“and”连接的平行结构处理为一个紧凑的复合句。原来的句子包含两个T单位，现在变成了一个T单位。显然，这种翻译使得T单位变长，句子变得更加紧凑流畅主次分明，语言复杂度提高了。

然而，在翻译法写作过程中，一些汉语句子只被简单的逐字逐句地翻译成英语句子，甚至汉语句子结构和句序也是直接地被迁移到英语句子里。因为处理汉语句子的意思和翻译汉语句子，学习者的工作记忆负担过重，他们的英汉语句法不同的句法意识受到干扰，因此不能识别句子或者动作之间的层级关系，不能确定修饰和被修饰的成分，不能把句子加工成层级分明的句式，而直接把并列的汉语句式迁移到英语句子。因此，他们写出来较少结构复杂的英语句子。另外，一些汉语句子表面上是平行结构的，其实隐含了一定的逻辑关系或层级关系。学习者却忽视了这个现象，因此，不知不觉地把汉语句式迁移到英语句子，导致了更多的平行结构的句子。而事实上，这些平行结构的句子深层的逻辑关系被忽视了。在并列结构中，所有从句都具有同样的重要性，它们能够被切分成不同的T单位，即具有完整意义的最小的独立从句；因此，在翻译法所写的二语文本中，相对来说T单位更多，T单位的长度也因此变短。因此，母语使用降低二语写作的语言复杂度，在一定程度上，其原因是翻译能力或二语水平的限制。如果翻译水平或二语水平较高，母语的消极影响就降低了。

2. 语言准确度

表11-5 正确T单位比率

	一年级	二年级	三年级	均 值
翻译法	0.56	0.66	0.75	0.64
直接法	0.66	0.74	0.80	0.72

三组学生的翻译法二语文本的正确T单位比表现出显著的组间差异（F=4.01，P=0.03），而直接法二语文本的正确T单位比没有显著的组间差异（F=1.95，P=0.16）。这表明二语水平比较高的学习者比二语水平低的学习者更少犯语法错误。高水平的二语学习者的翻译技能更高，所以翻译错误较少。对三组学习者来说，翻译法二语文本的错误率超过直接法二语文本。这个发现与Kobayashi & Rinnert（1992）的发现一致，即“翻译法写作过程比直接法写作过程产生更多的错误。”[①]显然，翻译法文本会有更多的词汇选择错误和不恰当的形式，这可以从汉英差异和逐字逐句的翻译策略得到解释。

以下是选自学生汉语作文的句子及其对应的英语翻译。

⑧起初，我无法适应城市里的一切。

At beginning, I can't be fit for everything of city.

⑨所以，有许多人从其他的地方来到城市找工作。

So, there are many people from other places come to the city to look for a job.

⑩尽管有些改善但是远不如城市生活悠闲。

Though there is much improvement, but it is not so comfortable as the city life.

在句⑧中，be fit for替换了be used to或take to，词汇选择错误发生；在句⑨中，come to应该为coming to，或者who come to，是一个层级较低的修饰语，说明many people的特性，处于从属的地位。而come的出现则导致该句子包含两个谓语部分，不符合英语语法。在句⑩中，though…but…

① Kobayashi, H. & Rinnert, C. Effects of first language on second language writing: Translation versus Direct Composition, Language Learning, 1992, 42(2): 183–215. 英文原文为“… more errors tended to occur in translation than in direct writing.”

显然是从汉语句式“尽管…但是”迁移而来，这么翻译导致出现两个从句，没有主句，因此，该句子不符合语法。总之，翻译法二语文本的错误产生的根本原因是忽视了汉英句子结构的差异，为了完全和忠实的表达所构思的思想内容而把一些汉语句子逐字逐句的翻译成英语，导致母语负迁移。这些翻译出的句子既不符合语法标准，也不符合语用习惯。

3.写作过程和写作流畅性

（1）翻译法和二语写作流畅性

表11-6　词类/词形比

	一年级	二年级	三年级	均　值
翻译法	21.50	20.95	17.29	34.62
直接法	18.64	18.01	16.16	30.51

第一，从表11-2和表11-6可见翻译法英语文本长度和词类/词形比比直接法的高（242.25 vs 198.36和34.62 vs 30.51）。以往研究发现母语使用有利于提取更多的关于写作者经历的信息，因此促使他们提取更多的词汇以把这些信息翻译成目的语。从这个角度看，翻译法提高了二语写作流畅性，促进构思内容和提取词汇的效率。

第二，两个写作过程的二语文本的限定从句/T单位比表明，对于三个水平的学生来说，翻译法降低限定性从句的数量（0.25 vs 0.29，0.28 vs 0.34和0.26 vs 0.36，参见附录表10）。然而，对于二年级学生来说，翻译法却提高了非限定性定语从句的数量，与一年级和三年级学生的情形不同（0.19 vs 0.21，0.26 vs 0.24和0.24 vs 0.29，参见附录表10）。但是，总体来说，翻译法相对降低了二语文本的从句数量，而且两种写作过程的二语文本的从句比差异显著。这表明翻译法降低了句法的复杂度，降低了语言流畅性。因为，当学生努力把汉语翻译成英语的时候，他们的注意力更多集中在思想内容的表达。为了准确和忠实，他们采用逐字逐句的翻译法，因此，他们的注意力更多集中在词汇的提取，导致他们忽视了句子的结构，却提高了词汇复杂度。

• "and" 的使用和句法复杂性

表 11-7 每个句子中的 and 数量

	一年级	二年级	三年级	均 值
翻译法	0.52	0.46	0.39	0.43
直接法	0.39	0.34	0.41	0.38

通过分析并列连词and的使用情况，可以找到证据，证明翻译法降低了二语文本句法复杂度。因为，如果使用and较多，那么，翻译法二语文本则可能产生更多的复合句，其中的从句之间的关系是并列关系，而不是体现为层级关系的主句和从属分句的关系。另外，如果"and"的使用频率高，那么，不断句情况（run-on）出现更加频繁。这意味着文本中有更多包含并列关系从句的复合句。

在一年级和二年级学生翻译法二语文本中"and"出现的频率超过三年级学生（表11-7），意味着一年级和二年级学生写出来更多平行关系的复合句，因此，他们的文本中的T单位更短；然而实际情况不是如此。表11-4显示二年级学生的翻译法文本T单位长度超过三年级学生的文本。事实上，二年级学生倾向于使用"and"连接从句内部的并列的句子成分或短语，比如，两个并列的形容词作表语。而三年级学生使用"and"连接复合句中的地位平等或独立的从句和完整句的谓语部分，因此，三年级学生写出更多的平行关系的复合从句，二年级学生写出来更多内部结构成分复杂的从句或短语。

接下来我们分析and的使用情况和文本句法复杂度的关系。一般说来，学生们的英语文本中的"and"的使用可分为如下几种情况。

类型一：连接从句内部的成分

Under the dull and clouded sky， the city is a huge net which consisted of worry and confused.（第一个and连接修饰语内部的并列的形容词；第二个and连接介词短语内部并列的宾语）

I will think of the open country's expanse and quiet.（连接表语内部并列的

形容词）

类型二：连接从句或者平行的谓语部分

Some are in urban area and the others are in rural area.（连接两个简单句）

And there are some differences between the two lives.（用于句首，连接句子，相当于语气词）

People can make a contrast between them and choose the way that suits for you.（连接两个并列的谓语，相当于连接两个句子，其中后面的句子省略了主语）

在二年级学生的作文中，25%的“and”属于类型二，75%的属于类型一；而三年级学生作文中，33%的“and”属于类型二，67%的属于类型一。因此，二年级学生句子成分内部结构复杂，从属关系的复合句超过三年级学生，他们的翻译法二语文本T单位数量相对较少，T单位因而相对较长。因此，二年级学生的作文中补充信息较多，描述的比较细致，内容比较充实，

•使用连接词和句子复杂性

受传统修辞理论和汉语语言特点的影响，中国英语学习者倾向于使用隐含的语义连接手段去建立句子的衔接，而不是使用明显具有连接功能的连接词。在汉语里，专门的连接词只有50个左右，而英语的连接词大概有100个左右（周志培 2003：56）。与英语相比，汉语句子的逻辑连贯更多通过句子成分的顺序来实现（魏志成 2003：336）。因此，当采用翻译法把汉语文本翻译成英语的时候，汉语的语言特点和修辞习惯被迁移到英语作文中，导致连接词和连接短语较少，表面的虚假的平行结构相应地增多，翻译的时候容易被简单处理为平行关系的从句，因此，翻译法英语文本不如直接法英语文本的连接词那么多。这个结论可以通过平均每句连接词的数量得到证实（0.57 vs 0.72 附录表13）。另外，翻译法和直接法文本连接词使用差异也和二语写作教学有关。在二语写作中使用连接词经常被过度强调，导致所有的学生在直接法文本中倾向于使用更多的连接词，而且随着二语水平的提高，连接词的使用量增加。

（2）直接法和二语写作流畅性

“提高注意水平，促进［学习者］识别和准确写出更多的注意到的形式…在这个层面上，分配更多注意比较少的注意能让学习者以更迅速有效的方式领会和提取语法信息。”①当使用直接法写作英语作文的时候，学生没有把汉语翻译成英语的认知负担，把更多注意力分配给语言形式，因此他们能够提取更多句型。而在二语写作教学中，因为教师多注意句子形式、句法多样性和语法正确性，导致学生进行写作练习的时候也把注意聚焦在语言形式上，在作文中经常使用不同句型（赵蔚彬 2002）。因此，写作教学和写作训练增加了学习者对语言形式的注意，使得直接法二语作文的连接词使用频率增加。

调查结果显示，学生的写作信念和写作结果不一致。在调查学生对于直接使用英语写作对英语作文的影响的看法时，他们在“句型多样富于变化”和“语句衔接通顺”两方面得分是3.31和3.89，得分较高。这说明学生相信直接用二语写作的好处（参见附录2），即提高二语文本的语言流畅性。而写作实验的结果与学生的写作信念不一致。本研究发现直接法写作过程并不能提高二语文本的语言复杂度。直接法写作使得学生提取更多的连接词。而他们提取的连接词多以平行模式建立句子和从句之间的衔接，并不是层级关系的主从结构。因此，句法复杂性并没有因为他们使用更多的连接手段而增加。这可能和平时的写作教学有关。外语写作教学重视语言形式，注意语言流畅，突出简单句，强调连接词的使用（马广惠 2000），可能会培养学生这样的外语写作信念，即连接词使用越多越好。因此，学生使用更多的连贯手段以建立连贯的语篇（赵蔚彬 2003）。

如果不考虑语言水平的差异，对于三个水平的所有学生来说，两个写作过程所产生的英语语篇的句子复杂度差异并不显著（附录表10和表

① Leow, Ronald P. Attention, awareness and foreign language behavior, Canadian Modern Language Review, 2002, 113-155. 英文原文为“More awareness contributes to more recognition and accurate written production of noticed forms…This increased allocation attention appears to permit learnrs to take in and retrieve the grammatical information immediately in a more efficient manner when compared to less awareness at this level.”

25）。但是，如果考虑语言水平的差异，直接法和翻译法对句子复杂度的影响具有跨语言水平差异。对于低水平的学生来说，直接法写作比翻译法写作只提高了二语文本的句子多样性，或连词多样性，并没有提高句法复杂度和语言流畅性。一年级和二年级学生显然比三年级学生使用更多种类的连接词（参见附录表13和表11-7），然而从句/T单位比和限定从句比显示，句子的长度、T单位长度没有增加，他们的句子复杂度不如三年级学生，他们写出的简单句仍然比三年级学生多（参见附录表12）。对于高水平学生（三年级学生）来说，直接法可以提高他们二语作文的句法复杂度和二语作文的语言流畅性。使用直接法作文，三年级学生比一年级和二年级学生更能提高二语作文的语言流畅性。

（3）小结

我们的研究设计是可行的，所选取的测量指标是有效的。尽管三年级学生对于实验不感兴趣，写的文本较短，这并不影响对他们的语言特征进行分析的可靠性。研究结果显示，T单位随着语言水平的提高而呈现增长趋势，这证明三组学生的二语水平的差异是显著的，根据年级把他们分成三个水平组是可信的。因为T单位长度、正确T单位比、句法复杂度和文本长度无关，通过分析这些指标来探究母语使用对二语写作的影响是可行的。

从语言准确度、复杂度和文本长度方面分析，母语使用对二语写作有显著的影响。通过对比分析汉语和英语句法结构，以及两种写作过程的二语文本的语言特征，我们发现，1）母语使用对三个水平的学生的二语作文的内容有影响（比如，文本长度和词汇变化）。2）对于低水平组的学生来说，母语使用促进T单位长度、复杂度；对高水平组学生来说，母语使用具有阻碍作用。3）对于三个水平的学生来说，母语使用降低二语作文语言的准确性。

4.写作过程和语言水平的交互作用

接下来我们分析语言水平、写作过程和二语作文流畅性之间的关系。二语文本的长度、词汇复杂度、语法复杂度和T单位长度等流畅性指标因为受到二语水平影响而变化。写作过程对这些流畅性指标也产生影响。如果我们把二语水平和写作过程两个因素放在一起，分析它们对二语文本流畅性的共同影响，那么会有什么结果呢？二语水平和写作过程两个因素对二语文本的共同影响有什么特征和规律？结果显示，二语水平和写作过程的交互作用影响二语文本的流畅性。比如，翻译法对二语文本流畅性的影响会因为二语语言水平的不同而发生变化。

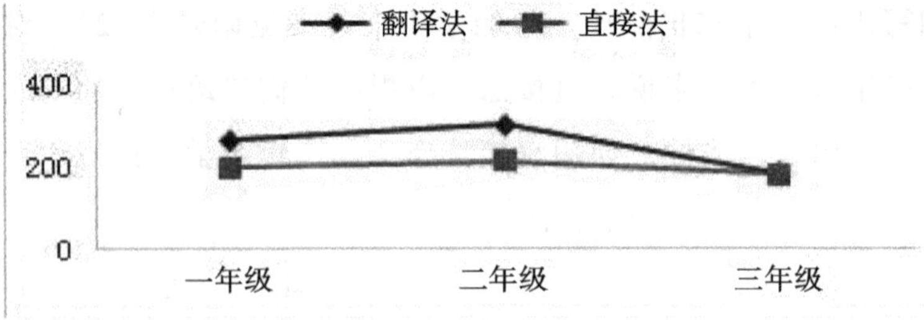

图 11-1　文本长度

第一，翻译法写作过程显著增加了文本的长度（T=3.88，P=0.00），但是，对于三年级学生来说，增加幅度不明显。正如图 11-1 所表明，母语使用对于三个不同水平的二语学习者的影响具有显著的组间差异。对于一年级和二年级学生，母语使用增加了文本长度；对于三年级学生来说，母语使用并不能显著增加二语文本长度，母语使用对他们没有显著的积极影响。那么，母语使用是否阻碍高水平学习者二语文本的输出？前文介绍了三年级的学生对于参与实验的态度比较随意，对于课外增加的任务没有兴趣，导致他们对于实验投入精力不够，因此，三年级学生的汉语作文相对短，汉语作文长度不如一二年级的学生。因此，可能是实验对象的情感因素或者实验的本身导致了这个交互作用的假象，也许并不是母语使用阻碍了高水平学生二语写作的文本输出速度。

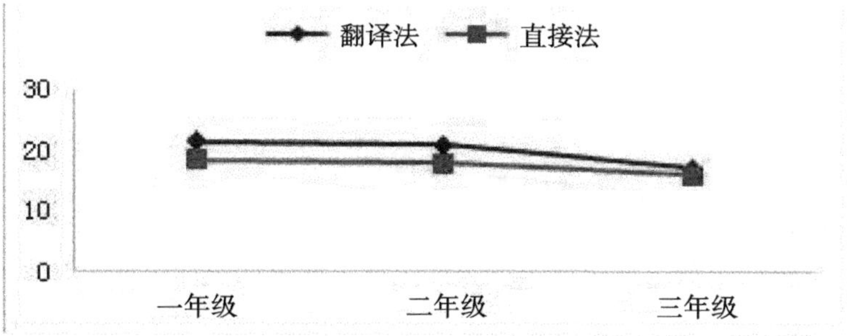

图 11-2　词类 / 词形比

第二，图 11-2 显示，对于三个水平的学生来说，翻译法二语文本的词类/词形比大于直接法文本。翻译法写作过程显著提高三个水平的学生的二语文本的词汇复杂度（T=4.12，P=0.00），而且三组学生之间存在显著差异（F=3.74，P=0.01），即词汇复杂度增加具有跨水平差异。对于三年级学生来说，翻译法能增加词汇复杂度，但是效果不显著；对于一年级和二年级学生来说，翻译法显著增加词汇复杂度。三年级学生的翻译法二语作文的词类/词形比的增加幅度低于一年级和二年级学生。因此，我们可以得出结论：二语水平具有调节作用，影响翻译法或者母语对于文本词汇复杂度的作用。由于二语水平的调节作用，三年级学生的翻译法和直接法的二语文本的词类/词形比没有显著差异。关于词汇复杂度的计算方法，Carroll（1967）提出的方法避免了文本长度对词汇复杂度的影响，即较长文本词汇重复出现的频率增多导致词汇复杂度下降的现象。Carroll 的方法避开了文本长度的影响。因此，三年级学生词汇复杂度降低不是文本较短所致，而是由于二语水平的调节作用，翻译法对三年级学生二语写作的影响较小，导致他们的翻译法二语文本的词汇复杂度增幅最小。这说明高水平学习者的翻译法和直接法的二语文本词汇复杂度没有显著差别。因此，从词汇角度分析，母语使用对低水平者有积极影响，对高水平者来说没有意义。

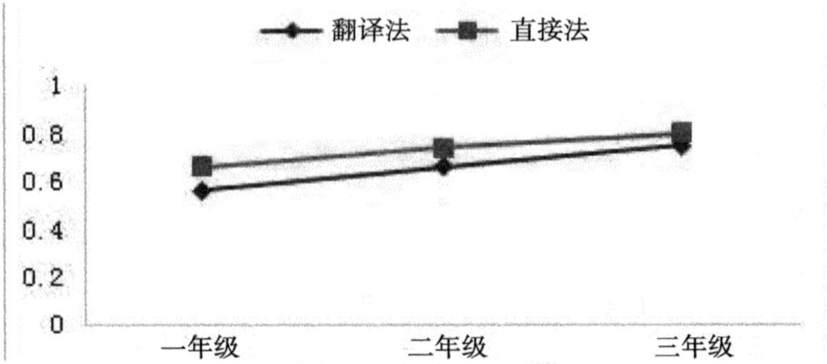

图11-3　正确T单位比

第三，对于三个水平的学生来说，母语使用降低了正确T单位比，即语言的准确度，证实了前面的假设（预测4）。图11-3显示，随着学生二语水平的提高，两线趋向于相交，表明二语水平和写作过程具有交互作用。对于不同二语水平的学生来说，使用母语对二语写作的影响效果不同。从语言准确度方面分析，母语使用的负面影响随着二语水平的增加而降低。对于三年级学生负面影响迅速降低。这说明，随着语言水平的提高，学生翻译能力和语法知识提高，减少了翻译错误，因此，正确T单位增加。对于一年级和二年级学生来说，在二语文本的语言准确度方面，母语使用的负面影响超过了三年级学生。

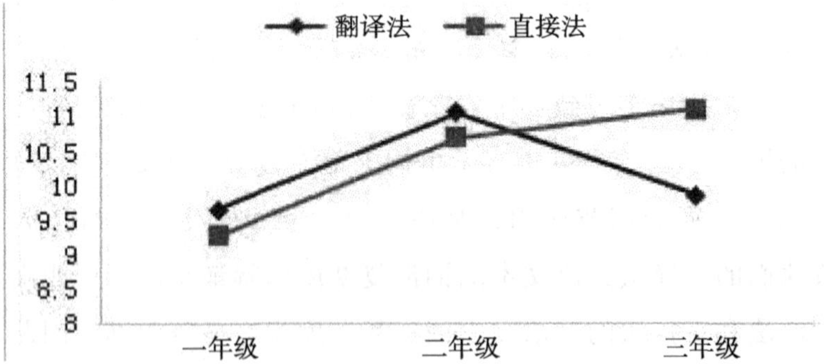

图11-4　T单位长度

第四，对于三个水平的学生来说，直接法写作对于二语文本的T单位长度的影响具有显著的组间差异（F=8.53，P=0.00），与Wolfe-Quintero et al（1998）所发现的结果一致，即不论怎样定义语言水平，T单位随着语言水平的变化呈线性变化。对于不同二语水平的学生来说，翻译法对T单位影响具有跨水平差异。图11-4显示，对于一年级和二年级学生来说，母语使用对于句法复杂度具有积极影响；对于三年级学生来说，母语使用对于他们的二语作文的句法复杂度具有负面影响。这表明，母语使用对二语写作的影响受到二语水平的介入影响。对于低水平的二语学习者来说，母语使用促进句法复杂度提高，对于高水平学习者来说，母语使用相对降低句法复杂度。

表11-8　汉语作文和英语作文得分

	一年级	二年级	三年级	均　值
汉语作文	82.36	81.09	77.45	80.49
翻译法	80.71	81.18	77.82	80.06
直接法	78.86	83.73	79.91	80.67

母语对二语文本语言复杂度的影响受到二语语言水平的调节作用，根本原因是母语和二语之间的差异。以三年级学生为例，分析翻译法和直接法造成语言复杂度的差异。参考表11-8，可见三年级学生在做实验的时候所写的汉语和英语作文得分相对较低，表明他们写作文的时候态度有些消极。所以，英语和汉语作文都较短（表11-2），思想内容不充实，句子也简短。因此，导致他们的翻译法二语作文的T单位长度是三组中最短的。

但是，三年级学生的直接法二语作文T单位长度在三组中最长，语言成熟度最高。这说明消极的写作态度并不影响语言复杂度（包括英语和汉语作文），或者影响并不明显。但是，翻译法显著降低三年级学生的语言复杂度。尽管三年级学生的语言更成熟，但是经过翻译法处理之后，他们的二语作文的语言复杂度降低了，与一年级和二年级学生相反。对此，可能有如下解释：三年级学生二语水平较高，为了达到忠实于原文的目的，采用逐字逐句的翻译策略导致母语负迁移。因此，二语水平不同导致母语影响的效果不同，或者说二语水平和写作过程共同影响二语写作。

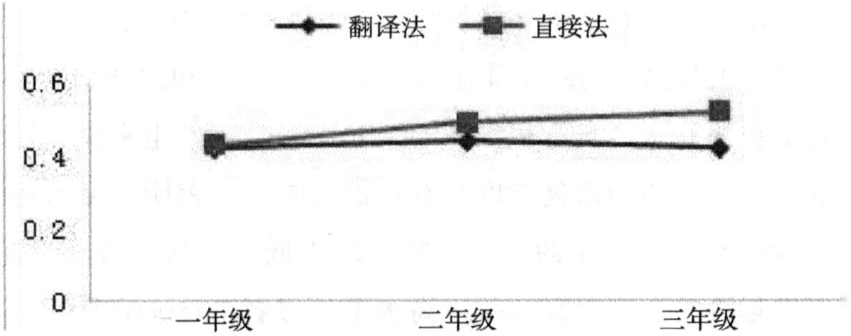

图 11-5　从句 / T 单位比

第五，从句/T单位比体现了语言复杂度。根据图11-5可见直接法二语作文文本语言复杂度随着二语水平提高而增加；翻译法二语作文文本语言复杂度随着语言水平的提高而降低。如果说三年级学生因为汉语作文文本简单而导致翻译法作文语言复杂度降低，那么，二年级学生比较认真，作文得分较高，语言复杂度应该较高。然而我们的研究结果显示，二年级学生的翻译法作文二语文本语言复杂度相对下降。这表明，母语使用对于二语作文的语言复杂度有消极影响。而且，对高水平二语学习者来说，二语水平越高，母语对二语作文语言复杂度的消极影响越显著。

表 11-9　从句/句子比

	一年级	二年级	三年级	均　值
翻译法	0.59	0.70	0.57	0.62
直接法	0.58	0.69	0.72	0.63

表 11-10　复合句/句子比

	一年级	二年级	三年级	均　值
翻译法	0.73	0.9	0.63	0.75
直接法	0.64	0.73	0.8	0.72

第六，表11-9中从句/句子比表明，随着二语水平的提高翻译法的负面影响增强：对于低水平学习者（一年级和二年级学生）来说，翻译法增加从句数量，即复合句或复杂句的数量；而对于高水平学习者（三年级学

生）来说，翻译法大大降低复合句或复杂句的数量。由此我们可以推断，因为使用翻译法，高水平二语学习者（三年级学生）写的英语作文的句子多以简单句为主。根据我们所收集的三年级学生汉语作文，可以发现其作文中短句为主（表11-11）。当他们把这些短句子忠实的翻译为英语句子时，导致T单位增多，长度变短。

表11-11　一位三年级学生的英汉语篇句子类型对比

比较城市生活和乡村生活，我认为【简单句】，城市生活更加便捷【简单句】。	Comparing city life with country life【非限定性从句】, I think【简单句】, city life is more convenient【简单句】.
首先，在城市，交通比在乡村中更方便【简单句】，在城市中，你可以容易的交通手段去任何你想去的地方【简单句】。	First, the transportation is more available in city than in the country【简单句】, you can easily find traffic means to anywhere you want to in city【简单句】.
其次，你可以在城市中容易的与世界接轨通过看电视，上网游览等等【简单句】。你是在乡村，最可能得到信息的方法也只有看电视了【简单句】。	Second, you can easily get in touch with the world by mean of watching TV,【简单句】browsing on the Internet etc. But in the country【非限定性从句】, the most possible way of getting information is just watching TV【简单句】.
根据以上我所讲的，城市生活比乡村更加便捷【简单句】，人们在城市中去生活更为简便【简单句】。	From what I've talked about【介词短语】, city life is more convenient than country life【简单句】. It's easier for people to live in the city【简单句】.

在翻译法二语作文中，不同二语水平学生的作文中的从句/T单位比的差异并不显著（F=0.32，P=0.73）。但是，通过图11-5和表11-10，可以发现三年级学生受到翻译法写作过程的负面影响而拉低了语言复杂度，导致语法结构类型单调，出现更多的复合句（表11-10）。然而，通过分析翻译法英语作文中“and”的出现频率和复合句比，可以发现三年级学生使用较少的“and”，在翻译法作文中增加了更多的非限定性从句（表11-11），使用了较少的复合句，因此，产出较少的T单位，这样就不会大大减少T单位的长度，即降低语言复杂度。那么，为什么仍然出现三年级学生的翻

译法二语作文的从句比和T单位长度减少了？参考图11-4、图11-5、表11-9和表11-11，我们可以发现，可能因为三年级学生的汉语作文中简单句和连动句式太多，他们使用直译法把简单句、连动句或不断句情况翻译为独立的简单句，所以，在他们的翻译法二语作文中使用更多的简单句。汉语作文的语言特征能解释其中原因，即母语负迁移降低了高水平者二语作文的句法复杂度。

为什么只有三年级学生作文中出现了母语负迁移？因为他们的二语水平高，对自己的翻译能力自信，所以，在翻译的时候使用直译的方法以忠实于原文。而一年级和二年级的学生语言水平较低，翻译的时候多采取意译的方法，回避翻译中的困难。因此，低水平学生牺牲翻译的忠实，无意中避免了母语负迁移。高水平学生因为忠实于原文的翻译而导致母语负迁移。因此，在二语水平和写作过程的共同影响下，母语对二语写作的影响产生跨水平效应：对于一年级和二年级学生，使用母语提高二语作文的长度和词汇的变化，但是阻碍了语言的准确性；然而，对于三年级学生来说，使用母语对于二语作文的语言准确性有显著消极影响，而且也降低了二语作文的句法复杂度。

对于所有学生来说，翻译法比直接法更能提高二语作文的词汇变化和文本长度。但是，从T单位和正确T单位比分析，翻译法写作却降低了二语作文的语言复杂度（10.26 vs 10.42， T=−0.47， P=0.00；0.64 vs 0.74，T=−3.25， P=0.00）。尽管在语法复杂度和准确性方面有消极或积极影响，母语使用在促进二语输出速度方面让三组所有学生显著受益，而使用母语降低了二语作文的语言复杂度。

总之，关于母语使用对于二语写作的影响，可以概括如下：（一）使用母语可以增加二语文本的长度和词汇变化。（二）对于高水平学习者（三年级学生）来说，母语使用显然增加单词变化、文本长度，但是减少了二语文本的T单位长度和语法复杂度。（三）对三个水平的学生来说，使用母语降低了正确T单位比或语言准确度。（四）使用母语，低水平学习者（一年级学生）只提高了文本长度和构思内容的效果。（五）在词汇精密度和句法结构方面，除了三年级学生，所有不同水平的学生都在使用母语中受益。（六）对于三个水平的学生来说，语法复杂度，即从句/T单位比因为受到母语使用的消极影响而下降；但是，在T单位长度和句子长度方面，只有三年级学生受到母语使用的消极影响。Kobayashi & Rinnert（1992）认为“与低水平学生相比，高水平学生的作文的整体质量受到写作过程的影响较小。”[①]但是，本研究发现：高水平的二语学习者的作文的流畅性受到母语使用的消极影响，降低句法复杂度；低水平学习者二语作文受到母语使用的积极影响，增加文本输出的速度和句法复杂度。

5. 学生对二语写作中母语使用的感知

实验后对学生做了问卷调查，了解他们对两种写作过程感知和使用母语策略的情况，从而揭示学生们的写作策略水平以及他们对于两种作文过程的感知和态度，有助于我们分析和解释本研究的发现，也改变了我们对于外语写作教学的一些认识。

第一，关于哪个写作过程更容易，学生整体的反馈与我们的预测（预测11、12、13）截然相反。我们预测翻译法比直接法容易，而绝大多数学生认为直接法写作更容易（77% vs 23%）。为什么学生认为直接用英语写作容易，而翻译法写作难？可能有如下原因。

直接法写作思路不受限制，自由发挥。如果遇到一些思想内容难以用英语表达，他们就选择避开策略，转向简单的容易表达的思想内容，使用熟悉的单词和句子结构。而在使用翻译法的时候，他们面临着很大的困难和挑战。他们必须翻译复杂的不容易表达的思想内容。翻译这些内容增加任务难度和降低写作速度，因为他们必须记住要翻译的意思，而且要尽可能翻译得准确忠实。所有学生都认为直接法作文更容易，不是因为他们更擅长于使用英语写作，而是因为翻译法写作对他们来说太难了，特别是低

① Kobayashi, H. & Rinnert, C. Effects of first language on second language writing: Translation versus Direct Composition, Language Learning, 1992, 42(2): 183–215. 英文原文为“The overall qulity of higher-proficiency students' writing was less influenced by the composing process than was the quality of lower proficiency students.”

水平的学生，尽管他们翻译法二语作文得分比直接法作文高。对于高水平的二语学习者，翻译法写作似乎不太难，因为他们有较高的二语水平和翻译技能。

学生认为直接法写作更加容易，还因为学生在潜意识里自动地降低对英语写作的要求。在直接法写作过程中，他们并不觉得要注意修饰和雕琢他们的语言，因为在写英语作文的时候他们很少关心这些问题。所有的学生都报告说，当他们用直接法写作英语作文的时候，他们使用熟悉的单词，表达简单的思想内容，不关心表达内容的细节和精密，因而主动“降低标准”要求自己。因此，许多学生发现直接法写作比较容易是因为他们往往牺牲作文的质量，比如，细节内容和文章的组织。相反，对于那些喜欢翻译法的学生来说，他们认为这样做使得他们能够更深入地思考，更加准确的表达自己的思想观点，因此“提高了标准”要求自己。这与Kobayashi & Rinnert（1992）的发现一致。另外，也有学生认为翻译法比较容易，因为用母语构思思想内容相对容易，思想和观点可以表达更加清楚，文章的结构可以安排的更有条理，也可以借助词典，更容易提取单词。

第二，关于选择母语思维（使用母语）还是英语思维的调查结果，反映了学生对于外语思维和母语思维对外语学习影响的认识。大多数学生报告赞成使用英语思维，因为他们想学会使用英语思考，而过多地依赖母语思维则阻碍英语学习。在这个方面，不同水平学生的认识是一致的。他们一致认为锻炼用英语思维是非常重要的，94%的学生认为练习用英语思维重要。然而，他们也认为翻译和语法在二语学习中扮演着重要角色。这个发现与Kobayashi & Rinnert（1992）一致，即“相比依赖以往所学的单词和语言形式，来自翻译的挑战对于学习英语词汇和句子结构具有一定的优势”[①]。因此，学习者也承认母语使用对于二语学习具有积极的影响，是

① Kobayashi, H. & Rinnert, C. Effects of first language on second language writing: Translation versus Direct Composition, Language Learning, 1992, 42(2): 183–215.英文原文为“The advantage of being able to acquire English vocabulary and structure through the challenge of translation, rather than relying on previously learned words and forms”

一个有效的外语学习策略。

第三，关于直接法作文的调查显示，在直接使用英语写作的过程中，不同二语水平的学生使用英语思维和汉语思维的量有一定差异。36%的三年级学生报告英语思维量不到50%；只有21%和27%的一年级和二年级学生报告使用英语思维的量少于50%。好像高水平学习者（三年级学生）使用英语思维的量低于低水平（一年级和二年级学生）的学习者。这不同于Kobayashi & Rinnert（1992）所发现的情况，即高水平学习者比低水平学习者使用更多的英语思维。这个差异也许是因为高水平学生过分低估了自己的英语能力。

第四，尽管低水平学生感知自己使用英语思维的量超过高水平学生，在直接法写作过程中他们仍然十分依赖汉语。一年级和二年级学生分别报告在直接法写作过程中他们使用汉语思维的量为60%和63%，而三年级学生报告使用58%汉语思维，这也证实了前面的猜测，即高水平学生过低估计自己的英语能力。三组中几乎所有的学生都报告说他们在直接写作过程中既使用英语思维也使用汉语思维。平均使用英语思维的量为61%，而且三组之间没有差异（F=0.51，P=0.29）。这个结果证明二语写作过程是一个双语现象，存在母语和二语之间相互转换的情况，与王文宇（Wang 2000）的发现一致。

第五，关于词汇量、阅读、模仿和母语水平对二语写作的影响，有如下发现。学生们普遍认为多读英语文章，多分析和模仿范文有助于提高英语写作水平。背诵和多用单词是有效而必要的方法。关于汉语对英语写作的影响，44%的学生认为提高汉语水平对于提高英语写作水平具有重要作用。这个发现对于二语写作教学具有借鉴意义，引发我们的思考。阅读文章可以增加可理解输入，增加词汇量、语法知识和修辞知识，提高二语水平和二语写作能力。提高母语水平，其实就是增加知识储备，是增加另一种形式的可理解输入，以不同的语码储存词汇、语法和修辞知识。模仿和分析范文其实也是增加可理解输入，增加写作知识的储备。如前文所述，母语使用可以改善二语作文的组织和内容，就是很好的证明。

第六，调查显示写作环境和读者意识影响写作质量。实验之后，几个大一学生报告说，在写作文时他们没有像写汉语作文那样注意修辞手段和修饰语言，因为时间的限制，他们只考虑尽快完成写作任务。另一些学生抱怨说翻译汉语作文太难。还有一个有趣的现象。当学生们写汉语作文的时候，他们不知不觉使用他们写英语作文的标准要求自己，降低对自己的要求，因为他们意识到自己写的汉语作文是交给英语老师的，因此，他们的汉语作文不如在语文课上写给语文老师的文章那么好。这也说明，学生对于外语写作的期望值很低，一方面，老师对他们的二语写作要求很低，其次，可能学生从来就没有想到要写出来很好的二语作文。

第七，关于二语水平对写作策略的影响有如下发现。母语策略对于提高二语写作质量具有积极意义，然而，学生也能感觉到这个策略有时候不能达到提高二语写作质量的目的。由于他们的二语水平的限制，有许多汉语句子不能准确的翻译为英语。因此，他们的翻译法二语作文中包含很多不地道的表达。有时候，原本想表达的意思也被改变或换掉；有时候，英语句子不符合语法，或者不符合语用习惯，表达怪异。

（三）研究发现对外语教学的启示

第一，在外语教学中不应该忽视母语对二语学习的影响。关于母语使用对于二语学习的作用，我们应该重新认识和评价。在本研究中我们探讨在今后的二语写作教学中如何看待母语的影响。在二语写作教学中，我们应该改变要求学生必须完全使用二语进行构思和写作的做法，而是根据学生的二语水平和我们的教学目标，指导学生选择恰当的语言策略，提高写作效率。比如，在目标设定和制定计划阶段，他们可以使用母语去构思内容；这将有利于提高作文构思效率和内容质量。针对语言水平低的二语学习者，可以允许他们使用母语理解主题和提高构思内容的质量，这样他们能保持思路流畅，保障写作的输出速度。针对高水平的二语学习者，应该鼓励他们用目标语写作和思考，这样有助于发展他们的语言能力。

第二，应该重视外语写作教学。在外语教学中，写作是证明学习成功的依据，也是一个学习外语的方法。因为写作成品能被立即检验和审核，为老师和学习者提供了一个可靠的检验学习效果的反馈。写作是一个训练思维的工具，它能指导学习者在读书和听话的过程中如何理解和组织思想；甚至在写作的过程中，能激发学习者进行积极而深入的思考。因此，在外语教学大纲中写作继续占有显著的位置（Richards 2002：100）。

第三，二语写作过程研究对于二语写作教学具有一定的启发。在二语写作教学中不能过度关注语言形式，否则阻碍了二语写作效率和写作质量。写作策略对于提高外语写作水平具有积极意义。如果学会使用恰当的写作策略，优化写作过程，不论二语水平如何，二语写作者都能够写出来质量相对较好的文章。他们成功利用排练、草稿和修改方法最终能够让他们更好地控制他们所写的内容和语言形式，优化写作过程和提高写作效率。因此，在二语写作教学中，要重视写作策略的培训，优化学习者二语写作过程。“写作教学正在发生许多根本性的变化，其目的是把过程观融入二语写作课程。”[①]因此，写作策略将引起外语写作教学实践的变化。在教学中，应该培养学习者的写作策略意识，让他们在二语写作过程中注意使用恰当有效的写作策略，优化写作过程，提高写作效率。

（四）研究的不足和建议

1.本研究的不足

本研究旨在从语言流畅性角度探究母语使用怎样动态影响二语写作。本研究尝试结合定量和定性研究方法，探究母语使用对于二语写作和二语习得的影响。然而，由于样本较小，研究结论的可推广性受到影响，这是本研究的薄弱环节，在未来的研究中要避免。

探讨母语使用如何动态影响二语写作，需要做纵向的历时研究。由于

① Richards, Jack C. The Language Teaching Matrix, Shanghai: Shanghai Foreign Language Teaching and Research Press, 2002: 109，英文原文为“A number of fundamental changes toward the teaching of writing are hence emerging from attempts to incorporate a process perspective into second language writing programs.”

时间限制，本研究没有作纵向研究。只能聚焦在短时间的实验，观察三个水平的非英语专业大学生的二语写作表现去探究母语对二语写作和二语学习的动态影响。因此，本研究只是做了一个初步的探索，得出的结论还需要进一步研究来验证。

作为一项实证性研究，需要对实验环节加以控制，否则研究结果受到多种因素的干扰。本研究中的实验对象的合作情况的差异对于本研究无疑会产生一定的干扰。因为一些三年级学生在实验中态度敷衍随意，因此，写的作文相当的短，不能完全反映其真实的水平。另外，问卷的设计从内容、结构到语言也需要进一步的推敲与修订，提高其信度和效度。问卷的格式和语句表述也需要修改，这样受试才能准确理解问题，做出的回答才能准确反映调查对象的实际情况。

在评估母语对二语写作的影响的时候，母语写作能力和二语翻译技能应该考虑，但是，本研究利用学生的写作得分界定写作能力，没有对翻译能力进行恰当的界定。可以增加翻译测试来确定其翻译能力。另外，需要讨论翻译能力和母语写作能力对于二语写作的影响的差异。通常认为母语写作能力高的人能把母语写作能力迁移到二语写作中去，但是，翻译技能发挥怎样的作用，是否影响母语写作向二语写作迁移的效率，这是值得思考的问题。此外，在探究母语迁移的过程中，母语写作能力和翻译技能，哪个因素更加促进迁移的效果，影响二语写作质量，都需要进一步研究和验证。这两个方面的影响都需要区分，澄清对母语迁移效果的认识。

2. 对未来研究的建议

本研究通过实验方法探究母语使用对于二语写作和二语学习的影响，得出了一些有意义的结论，也提出了一些需要做进一步研究的问题。

（1）母语使用对二语写作质量的影响

在二语写作研究方面，母语使用对二语写作质量的影响需要进一步研究。研究表明，使用母语进行内容构思和写作计划的设定有利于提高二语语篇的结构的条理性、内容的质量和写作流畅性，对于中低水平的二语学习者效果更加显著。我们也发现母语写作水平高的人通常外语写作水平也可能高。但是，也有例外，即母语写作水平高的人写的外语作文也可能质量不高。比如，除了语法问题，可能就是使用不恰当的修辞和成语典故，或者行文过于直白或委婉晦涩，导致有些母语表达方式被套上了外语的形式而显得不伦不类，或者表达内容简单或难以理解。因此，评价母语使用对外语写作的影响，不仅要考虑语言问题，也要考虑跨文化交际方面的问题。

（2）母语使用对外语学习的影响

我们发现母语水平高低影响外语学习的效率。我们平时能发现母语水平高的人在学习外语时候通常也能取得良好的成绩。反应敏捷、条理清晰，母语表达能力强的人学习外语效率也高，但是，也能遇到口齿伶俐的学生在学习外语方面十分吃力。那么，母语能力怎样影响外语学习的效果呢？是影响修辞技巧、构词能力、语法和句法知识、词汇量还是提取信息的能力？或者，针对不同的语言能力，母语的影响效果有什么不同？比如，对口语、听力、写作、翻译、阅读等分项能力的影响。这些我们需要进一步讨论。

（3）母语迁移和外语学习评价的问题

母语使用对外语学习的影响也涉及外语学习评价的问题。流利的语速，规范的发音，行文之间充满了地道的外国文化的气息固然令人赞叹，但是，夹杂着母语文化特色的修辞和用法也不能一概否定。随着不同文化之间的交流和互动，语言也在不断地借鉴、吸收、融合和发展，原先存在文化之间的壁垒逐渐被打破，消泯了先进文化高高在上的傲慢与偏见。洋泾浜式的英语曾经被轻视和排斥，但是夹杂了母语文化特征的外语表达也能被接受。比如，英语不再是单数的英语，而是复数的英语。此时，我们要重新审视母语对外语学习的作用，对母语的消极影响可能会采取宽容的姿态。因此，如何客观评价母语对外语学习的影响，也是一个重要的问题。

（4）母语使用对二语学习影响的动态性

在外语学习的不同阶段，母语对外语学习的影响不同。在不同的学习水平和学习阶段，不同的语言层面，母语使用的影响效果可能是不同的。正如在二语写作的过程中，在不同的写作阶段母语的影响和功能不同，随着写作阶段的变化而变化。对于语法学习，文化知识学习，母语影响可能具有促进作用。对于发音和词汇学习也许具有阻碍作用。在二语学习的过程中，这些母语功能的选择和效果是如何变化的，与学习者的二语水平和学习阶段之间存在怎样的关联，这些需要历时研究，以便我们更好的认识母语使用对于二语习得的影响。我们可以采取个案研究，选取几个研究对象观察他们在过去较长的时间段里二语写作能力的发展状况。

3. 本研究的应用

我们通过分析两种不同的写作过程对于二语写作的影响，探究母语使用对于二语写作和二语学习的影响。由于时间限制没有开展纵向的历时研究，因此研究结果需要通过扩大研究范围和纵向研究以证实。虽然有研究设计的缺陷，本研究的结果和发现为后续的研究提供了研究假设，提供了一个研究思路。另外，本研究关于母语使用和二语学习之间的关系启发我们重新认识母语在二语学习中的作用，对于我们的外语教学和研究更有实践意义和借鉴意义。外语教学与研究可以进一步研究母语在外语教学中的影响，以证实这些发现。

五、总结和结论

（一）总　结

本研究通过研究二语写作过程中母语的影响及其效果探究在二语学习中母语的影响和功能。首先，我们探讨了母语介入影响二语学习和二语写作的现象，揭示了母语在二语写作和二语学习中的角色。接下来，我们从认知角度分析在二语学习过程中母语使用对二语学习的影响。母语影响二语学习体现在多方面，比如，句法、语音和词汇等方面。另外，在二语学习过程中，母语的影响是动态变化的。随着学习者二语水平的提高，母语对二语学习所产生的影响也在不断地发生变化。然后，我们回顾了学习策略的研究，发现母语使用其实是一个学习策略，其功能是利用先前的通过母语学习所获得的语言知识，把这些语言知识扩大应用范围，推广到目标语中，提高用目标语处理信息和表达意义的效率。随后，我们回顾了二语写作过程研究，发现二语写作虽然类似于母语写作，但是不同于母语写作。二语写作中母语使用其实就是利用母语生成内容，然后转换成二语形式的认知策略。研究证明母语策略是有效提高二语写作质量的方法。最后，我们设计了一个写作实验，通过分析不同二语水平的学生的两个作文过程（翻译法和直接法）产生的二语文本的语言特征，以检验母语使用对于二语写作的影响效果。此外，我们利用问卷调查的方法了解学生对于二语写作中母语使用的效果的感知，以及他们这次在直接法写作中使用母语和英语思维的量，通过学习者的感知和反馈考查母语使用对于二语写作和二语学习的影响。

（二）结　论

第一，在学生现有的知识水平和认知水平上，母语使用有利于提高二语写作的流畅性以及二语写作的内容质量。对于二语水平较低的学生，母语使用在写前计划和内容构思阶段具有积极作用，提高构思效率，丰富文章的思想内容。此外，不同二语水平的学生都同样受益于母语使用，保证他们的写作效率，产生逻辑清晰思想内容丰富的二语作文。

第二，从T单位长度、句法复杂度和语言正确性分析母语使用对二语写作的流畅性的影响，发现过多依赖母语阻碍二语发展，而且这个发现也得到了学生反馈的支持。然而，受到不同二语水平的调节作用，母语使用对于二语写作的影响具有不同效果。对于低水平学生来说，母语使用在二语学习方面具有一定的积极意义。翻译母语生成的内容是一个学习挑战，也是一个机遇，因为迫使他们激活和提取新单词和语法，加快了明示性知识向隐含性知识的转化。对于高水平学习者来说，避免母语思维，使用直接法进行二语写作则促进二语写作流畅性，并且熟能生巧，最终促进二语思维能力的培养，加快二语语言能力的提高，但是使用母语则可能阻碍二语能力向更高层次发展。

第三，策略培训和提高学习者策略意识是二语教学的重要任务。在直接法写作过程中，用二语构思内容并转写、翻译和输出二语文本，二语写作者面临着风险，有可能难以准确和清晰地表达思想内容，或遗漏他们想要说的话，因为他们集中精力在搜索、提取和使用二语语言形式。因此，当他们努力创造表面的语言形式的时候，不均衡的有意注意的分配阻碍了思想内容的构思和更高层次的语言加工。这样的写作过程所产生的二语作文无论语篇结构还是语用恰当性都难以尽如人意。而如果鼓励学生适当利用母语策略进行过程管理，构思内容、组织文章结构，则会避免或减少上述问题。

总之，母语在外语写作和外语学习中既有积极影响也有消极作用。因此，在外语教学中，要针对不同的学习阶段、不同的学习者和不同的学习内容，使用恰当的母语策略，发挥母语的积极作用，提高外语教学效果。

第十二章　总结和展望

本书主要探讨了外语写作过程研究以及外写作教学的意义。绪论部分首先回顾了我国大学英语教学大纲关于写作能力的要求，然后，分析了外语写作教学的意义。接下来，由外语写作和外语学习的关系谈到了外语写作过程研究及其研究模式。在回顾了Hayes的四个写作模式的基础上，指出外语写作过程不仅是复杂的认知过程，而且也涉及写作者个人因素，即个人因素介入并调节写作过程。由此把写作者的写作动机和写作策略引入写作过程研究框架。随后的章节从写作动机和写作策略两个主题分析个人因素对于写作过程的影响。

从动机的角度分析，学习者的态度和兴趣影响写作过程，也是影响写作教学的重要因素。对于写作教学来说，提高课堂的互动是解决目前写作课堂所面临的问题的一个有效方法。本书介绍了写作动机的结构及其内涵；然后，介绍了写作动机和写作者个人因素和环境因素的关系；最后谈到了动机怎样影响写作努力和写作水平。

基于对中国大学生的英语写作学习状况调查，第二章报告大学生英语写作学习现状和写作动机的构成。通过探索性分析发现大学生英语写作动机的构成：利用AMOS分析软件建立大学生英语写作动机影响英语写作的概念模型，并探究动机各维度之间的关系。研究发现写作动机能显著预测大学生英语写作水平；基于动机之间的关系，我们发现写作动机可以进一步分为表层动机、内在动机和深层动机。其中表层动机容易变化，也直接影响写作效果；内在动机变化较小，对写作起到间接影响的作用；深层动机比较稳定，不直接影响写作水平，但是，对于学习者长期保持高水平的写作动机具有决定性作用。

第三章通过调查分析483名大学生英语写作动机和写作努力水平，探究英语写作动机对写作努力产生影响的复杂性。通过探索性分析发现英语写作动机和写作努力的结构维度；利用AMOS分析软件建立写作动机影响写作努力的概念模型，并探究写作动机各维度对努力程度的影响。研究发现不同写作动机对于写作努力影响不同。写作效能感正影响主动性，但是负影响持续性；写作体验既影响主动性也影响持续性；写作价值对写作努力有长期影响；写作目的和写作兴趣对写作努力产生短期影响，但是，有利于改善学习者对于外语写作的态度。

基于对中国大学生英语写作学习的调查，第四章旨在探究我国大学生英语写作动机构成、动机水平及个人和环境因素对动机水平的影响。首先利用SPSS探索分析写作动机构成，其次，利用AMOS建构写作动机和写作水平关系的模型，并在此基础上增加性别、年级和专业等调节变量，探究个人因素和环境因素对写作动机的调节效应，揭示写作动机在写作过程中的运作机制。研究发现写作动机能显著预测大学生英语写作水平；基于多群组模型验证分析，我们发现性别、年级和专业因素的调节作用影响写作动机对写作水平的效应。男生、公外学生、高年级学生受到动机影响效果显著，在学习中最需要得到鼓励和支持；女生学习动机比较稳定；专外学生动机需要维持；低年级教学重在语言基础和树立“学习目标和愿景”。

基于对理工科大学大一新生第一学期期初、期末英语写作动机的调查，第五章探究了大学生英语写作动机的基本特征及其变化。发现期初和期末大学生英语写作动机有一定的差异，而学生因素、教师因素和教育理念是导致大学生英语写作动机变化的重要因素。提高教师教学自主、培养学生自主学习能力和设置符合学生需求的课程对于提高学生英语写作动机十分必要。

第六章调查大学生的写作信念、写作动机和写作焦虑等个人因素的基本状况，探究个人因素和外语写作水平的关系，以及写作信念、写作动机和写作焦虑这几个个人因素之间的相互关系。研究表明，写作动机对于外语写作水平具有显著的积极影响。写作信念和写作焦虑对外语写作水平没有显著的影响；但是写作信念和写作焦虑影响写作动机，并通过写作动机间接影响外语写作水平。提高学生外语学习观念、培养学生自主学习能力和制定符合学生需求的课程大纲对于提高学生外语写作学习动机十分必要。

从写作策略方面分析，写作策略的培训是提高写作教学的一个重要方法。提高写作策略意识和策略技巧，可以提高写作过程的效率。不同的策略具有不同的功能和效果。提高策略意识可以提高个人的构思、计划和监控等方面的效率。均衡注意和分配注意资源是写作策略之所以能提高写作质量的根本原因。

第七章首先分析了写作策略的本质和内涵，然后对写作策略进行定义和分类。接下来回顾了有关英语写作策略的实证研究和理论研究，讨论写作策略和外语写作的关系，证明在写作过程中不同策略的使用对于外语写作质量有正面或负面的影响。然后，从写作过程的角度分析在不同写作阶段写作策略的功能和积极意义。本章分析了构思策略、草稿策略、修改策略和监控策略的功能。其中，监控策略影响最大，对于协调各种写作活动，优化写作过程，提高写作质量具有重要意义。最后提出建议，在英语写作教学中，要重视写作策略的培训，提高学生的写作策略意识，优化写作策略的使用。

第八章从认知的角度探讨隐喻作为一个语言使用策略在二语习得中的应用。首先讨论隐喻的基本概念和创造性特征，然后通过实验和相关研究解释隐喻的创造性特征可以在外语写作和外语学习中发挥积极作用。在外语写作中，隐喻策略作为一种构思策略可以通过概念的叠加，用形象具体的语言表达抽象的概念；另外，扩展的概念隐喻对于建构连贯的语篇具有积极作用。在外语教学中，培养学生的隐喻能力，利用隐喻策略扩大使用已知的词汇，有利于提高学生语用能力，促进二语能力的发展。

第九章基于“理工科大学生英语写作策略”的调查，并结合二语习得的认知心理模式，探索写作策略对理工科大学生二语写作的影响。研究发现，过程监控、语言评估和内容评估策略对于二语写作具有积极影响；过程监控与修改、内容评估、回避以及构思策略显著相关。基于这些发现，本章着重分析写作策略、写作过程和有意注意之间的关系，探究写作策略对二语写作的积极影响，以及影响其积极效用的关键。研究表明，写作策略对于二语写作的积极影响在于其调节写作者关注焦点和关注范围的变化，“均衡”写作过程，提高写作效率；其发挥“均衡”效应的关键是有意注意的心理机制，以及策略与有意注意之间的互动。

第十章结合写作焦虑和写作策略之间的关系探讨写作焦虑对写作过程的影响，揭示写作焦虑研究对于写作教学的重要意义。首先，报告一项关于写作策略和写作焦虑的调查报告，其次，分析写作焦虑对写作水平的影响，最后，结合写作焦虑的三个维度和写作策略的关系分析写作焦虑对写作过程的影响效果。结果表明，写作焦虑通过影响写作过程间接影响写作水平;另外，写作策略和写作焦虑的相互关系表明写作策略有助于写作焦虑的降低。

第十一章研究母语使用对二语写作的影响。首先，探讨了母语使用在二语学习和二语写作中的影响，揭示了母语在二语学习中的角色。其次，从认知角度分析母语使用对二语学习和二语写作的影响。然后，回顾了二语写作研究范式，发现在二语写作过程中母语翻译是二语写作的一个重要特征。调控写作过程的构思环节是我们探究母语如何影响二语写作的有效的方法。基于此，我们设计了一个二语写作实验，即通过两个写作方法（翻译法和直接法），研究不同二语水平的学生的两个作文过程产生的不同二语语篇。最后，通过问卷调查和访谈，了解受试学生对于二语写作中母语影响效果的感知，以及他们实际在英语写作中母语思维和英语思维的量。

研究发现：第一，母语使用有利于提高二语写作的内容质量，对于二语水平较低的学生母语的积极影响更加显著。第二，母语使用影响二语写作的流畅性，而且影响效果与二语水平密切相关。对于低水平学生来说，翻译的挑战可能阻碍写作流畅性，但是能激活新的单词和语法，加快了明示性知识向隐含性知识的转化。对于高水平学习者来说，使用直接法促进二语写作流畅性，并最终促进用二语思考的能力的提高，加快了二语成熟和语言技能的提高。第三，策略培训和提高学习者策略意识是二语教学的重要任务。在二语写作过程中，使用不同的写作策略对于二语写作具有不同的效应。直接法写作能提高二语语篇语言正确性和复杂度，翻译法写作能提高构思二语作文思想内容的效率，却对语用恰当产生消极影响。因此，开展策略培训，鼓励学生使用恰当的写作策略有利于提高写作效率和写作质量。

总之，写作者的认知和情感因素参与到写作过程。写作动机涉及写作者的个人情感因素，是写作过程的起点和支持写作过程的动力。写作策略则涉及写作者个人对写作过程的认知及其采取的行动，是写作过程的实践和保障。写作策略在局部写作过程具有计划、构思和修改的功能，在宏观写作过程中具有监控、管理和协调的功能。通过策略培训，提高学习者的策略意识，可以调节学习者的动机，端正学习者的学习态度，提高他们的写作努力程度，提高教学效果。

我们的写作过程研究具有一定的局限性。写作过程涉及写作者、文本、外部环境等方面。具体的写作过程包括监控、构思、目标设定、草稿和修改等写作活动。使用问卷调查法和操控写作过程的实验不能完全解释写作过程，因此需要通过实验和实际的观察才能做到。随着研究技术的进步可以通过更加先进的手段探究写作过程。第一，研究写作过程的不同阶段。通过录像和录音等设备可以记录写作过程，探究写作过程的变化及其影响；开发电脑写作软件、利用网络交际软件，记录并分析草稿过程、修改过程，以及写作者和同辈或老师之间的互动过程。第二，研究写作过程中不同策略的使用及其影响。写作过程涉及不同的写作策略和不同的因素，比如，写作者的语言水平、写作水平、写作环境、写作任务难度、写作信念等，要综合分析写作过程中不同策略的使用、变化和效果。第三，写作的跨学科研究。随着脑学科研究技术的成熟，利用FMRI（功能磁共振成像）、AFNI（脑功能成像分析软件）等研究工具对大脑的各部分进行成像处理，观察它们在认知活动过程中相互之间的协同动作，揭示二语写作过程的认知活动特征（袁晓松 2007；陈雪群 2018）。此外，探究教学环境、教学策略、教学方法、写作测评和教材等教学因素对写作的影响，以及研究写作过程和写作策略等对语篇和语言特征的影响也是写作研究的重要主题。

参考文献

[1] Anderson, J. R. A theory of the origins of human knowledge [J]. Artificial Intelligence, 1989, 40(1-3):313-351.

[2]Arndt, V. Six writers in search of texts: A protocol-based study of L1 and L2 writing [J]. ELT Journal, 1987, (4):257-267.

[3] Carroll, J. B. On sampling from a lognormal model of word-frequency distribution [A]//H. Kucera & W. N. Francis (eds) Assessing second language writing in academic contexts [C]. Norwood, NJ: Ablex Publishing Corporation, 1967: 197-211.

[4] Chenoweth, N. A. & Hayes J. R. Fluency in writing: Generating Text in L1 and L2 [J]. Written Communication, 2001, 18(1): 80 -98.

[5] Cohen, A. D. Strategies in Learning and Using a Second Language Learning [M]. Addison Wisley Longman Limited, 1998.

[6] Cumming, A. Decision making and text representation in ESL writingperformance [R]. Paper represented at the 21st Annual TESOL Convention, Miami, April, 1987.

[7] Dörnyei, Z. Motivation and Motivating in the Foreign Language Classroom [J]. The Modern Language Journal, 1994, 78(3):273-284.

[8] Dörnyei, Z. The Psychology of the Language Learner: Individual Differences in Second Language Acquisition [M]. Mahwah, NJ: Lawrence Erlbaum Associates, 2005.

[9] Edelsky, C. Writing in A Bilingual Program: the Relation of L1 and L2

Texts [J]. Tesol quarterly, 1982, 16(2): 211-229.

[10] Ellis, R. The Study of Second Language Acquisition [M]. Shanghai Foreign Language Education Press, 2000.

[11] Feng, C. English Rhetorical Options — A Handbook of English Rhetorical Devices [M]. Foreign Language Teaching and Research Press, Beijing, 1997.

[12] Fillmore, C.J. On Fluency [A]//Heidi R. Perspectives on Fluency [C]. the University of Michigan Press, 2000: 43-60.

[13] Flower, L. S. & Hayes, J. R. A cognitive process of writing[J]. College Composition and Communication, 1981, 32(4):365-387.

[14] Friedlander, A. Composing in English: effects of a first language on writing in English as a second language [A]//B. Kroll. Second LanguageWriting: Research insightsfor the classroom [C]. Cambridge: Cambridge University Press, 1996: 109 -125.

[15] Hayes, J. R. & Flower, L. S. Identifying the organization of writing processes [A]// L. W. Gregg & E. R. Steinberg. Cognitive Processes in Writing [C]. Hillside, New Jersey: Lawrence Erlbaum Associates, Publishers, 1980: 3-30.

[16] Hayes, J. R. & Nash, J. G. On the Nature of Planning in Writing [A]// M. Levy &S. Randall, The Science of Writing Theories, Methods, Individual Differences, and Applications [C]. Mahwah, New Jersey: Lawrence Erlbaum Associates, Publishers, 1996:29-55.

[17] Hayes, J. R. A new framework for understanding cognition and affect in writing [A]//C. M. Levy & S. Randall.The Science of Writing: Theories, Methods, Individual Differences, and Applications [C]. Mahwah, NJ: Erbaum, 1996: 1-27.

[18] Hayes, J. R. Modeling and Remodeling Writing [J]. Written Communication, 2012, 29(3):369-388.

[19] Hunt, K. W. Recent measures in syntactic development [J]. Elementary English, 1966(43):732-739.

[20] Johns, Ann M. L1 Composition Theories: implication for developing theories of L2 composition [A]//B. Kroll. Second Language Writing: Research insights for the classroom [C]. Cambridge University Press, 1996: 24-35.

[21] Johnson, C. The composing process of six ESL students [D]. Unpublisheddoctoral dissertation, Illinois State University, 1985.

[22] Kellogg, R. T. The Psychology of Writing [M]. Oxford University Press, 1994.

[23] Khongpun, S. composing process of Thai high school students: a protocol analysis [D]. Unpublisheddoctoral dissertation, Indiana: Ball State University, 1992.

[24] Kim, T.-Y., Kim, Y. & Kim, J.-Y. Structural relationship between L2 learning (de) motivation, resilience, and L2 proficiency among Korean college students[J]. Asian-Pacific Education Research 2017(26):397-406.

[25] Kobayashi, H. & Rinnert, C. Effects of first language on second language writing: Translation versus Direct Composition [J]. Language Learning, 1992, 42 (2): 183-215.

[26] Krapels, Alexandra B. An overview of second language process research [A]//B. Kroll. Second Language Writing: Research insights for the classroom [C]. Cambridge University Press, 1996: 37-56.

[27] Krashen, S. D. Principles and Practices in Second Language Aquisition [M]. Oxford: Pergamon Press Ltd., 1982.

[28] Lay, N. Composing processes of adult ESL learners: a case study [J]. Tesol Quarterly, 1982, 16(3):406.

[29] Leech, G. et al. English Grammar for Today: a New Introduction [M]. Macmillan Education LTD, 1991.

[30] Leow, Ronald P. Attention, awareness and foreign language behavior

[J]. Canadian Modern Language Review, 2002, 113-155.

[31] Levelt, W. J. M. Speaking: From intention to articulation [M]. Cambridge, MA: MIT Press, 1989.

[32] Littlemore, J. Metaphorical Intelligence and Foreign Language Learning [EB/OL]. Humanizing Language Teaching, Issue 2, March 2001. http :// www. hltmag. co. uk/ mar01/ martl. htm ,2005 06 08.

[33] Long, M. H. The Role of the Linguisitc Environment in Second Language Acquistion [A]// W. C. Ritchie & T. K. Bhatia, Handbook of Second Language Acquistion [C]. San Diego, CA: Academic Press: 1996:413-468.

[34] Martin-Betancourt, M. E. The composing processes of Purto Rican college students of English as a second language [D]. Unpublished doctoral dissertation, Fordham University, 1986..

[35] Newell, A. & Simon, H. A. Human Problem Solving [M]. Prentice-Hall, 1972.

[36] Odlin, T. Language transfer: corss-linguistic influence in language learning [M]. Shanghai: Shanghai ForeignLanguage Education Press, 2001:28.

[37] O'Malley, J. & Chamot A. Learning Strategies in SecondLanguage Acquisition [M]. Shanghai: Shanghai ForeignLanguage Education Press, 2001:44.

[38] Polio, C. Research Methodology in Second Language Writing Research: the case of text-based studies [A]//T. Silva and P. K. Matsuda. On Second Language Writing [C]. Lawrence Erlbaum Associates Publishers, 2002: 94.

[39] Qi, D. S. & Lapkin, S. Exploring the role of noticing in a three-stage second language writing task. [J]. Journal of Second Language Writing, 2001, 10 (4):277-303.

[40] Raimes, A. What Unskilled ESL Students Do as They Write: A Classroom Study of Composing [J]. Tesol Quarterly, 1985, (19)2:229-258.

[41] Richards, J. C. The Language Teaching Matrix [M]. Shanghai: Shanghai Foreign Language Education Press, 2002:101.

[42] Roca de Larios, I. R., Murphy, L. and Marin, J. A Critical Examination of L2 Writing Process Research [A]//B. Ransdell and M.-L. Barbier. New Directions for Research in L2 Writing [C]. Kluwer Academic Publishers, 2002: 11-47.

[43] Rohman, D. G. Pre-writing: The stage of discovery in the writing process [J]. College Composition & Communication, 1965, 16(2): 106-112.

[44] Rolin-Ianziti, J. & Brownlie, S. Teacher Use of Learners' Native Language in the Foreign Language Classroom [J]. the Canadian Modern Language Review, 2002, 58(3): 403-426.

[45] Sasaki, M. Building an Emperically-based Model of EFL Learners' Writing Process [A]// S. Ransdell & M. Barbier. Studies in Writing, Vol. 11: New Directions for Research in L2 Writing [C]. Dordrecht: Kluwer Academic Publishers, 2002:49-80.

[46] Scardamalia, M. & Bereiter, C. Knowledge Telling and Knowledge Transforming in Written Composition [A]//S. Rosenberg. Advance in Applied Linguisitics, Vol. 2: Reading, Writing, and Language Learning [C]. Cambridge, England and New York: Cambridge University Press, 1987.

[47] Schmidt, R. & Frota, S. Developing basic conversational ability in a second language. A case study of an adult learner of Portuguese [A]// R. Day. Talking to learn: Conversation in second language acquisition [C].Rowley, Mass: Newbury House, 1986:237-326.

[48] Schoonen, R. et al, First Language and Second Language Writing: the role of linguistic knowledge, speed of processing and metacognitive knowledge [J]. Language Learning, 2002, 53(1): 165-202.

[49] Selliger, H. &Shohamy, E. Second Language Research Methods [M]. Shanghai: Shanghai Foreign Language Education Press, 2004: 170,

[50] Silva, T. Second language composition instruction: developments, issues, and directions in ESL [A]//B. Kroll. Second Language Writing: Research

insights for the classroom [C]. Cambridge University Press, 1996: 11–23.

[51] Skehan, P. A. Cognitive Approach to Language Learning [M]. Shanghai:Shanghai Foreign Language Education Press, Shanghai, 2000.

[52] Swain, M. The output hypothesis: Just speaking and writing aren't enough [J]. The Canadian Modern Language Review, 1993(50):158–164.

[53] Teng, L. S. & Zhang, L. J.Fostering strategic learning: the development and validation of the writing strategies for motivation regulation questionnaire (WSMRQ) [J].Asian-Pacific Education Research 2016(25):123–134.

[54] Wang, W. An Investigation into L1 Use in the L2 Writing Process of Tertiary-level EFL Learners in China [D]. Nanjing University, 2000, 9.

[55] Wen, Q. Applied Linguistics: Research Methods and Thesis Writing [M]. Beijing: Foreign Language Teaching and Research Press, 2002.

[56] Whalen, K. & N. Menard. L1 and L2 writers' strategic and linguistic knowledge: a model of multiple-level discourse processing [J]. Language Learning,1995,44(3):381–418.

[57] Williams, M. & R. L. Burden. Psychology for language teachers [M]. 北京:外语教学与研究出版社,2000.

[58] Wolfe-Quintero, K., Inagaki, S. & Kim, H-Y. Second Language Development in Writing: measures of fluency, accuracy and complexity [M]. University of Hawai'i, 1998.

[59] Woodall, B. R. Language-switching: using the first language while writing in a second language [J]. Journal of Second Language Writing, 2002, 11 (1):7–28.

[60] Yang, D. EFL Error Patterns in China [M]. Xi'an: Shanxi People's Press, 2000.

[61] Yashima, T. Willingness to communicate in a second language: The Japanese EFL context [J]. The Modern Language Journal, 2002,86 (1):54–66.

[62]蔡金亭.记叙文语篇结构与英语过渡语中一般过去时变异的关

系——对语篇假设的检验[J].现代外语,2003(1):59-68

[63]常海潮.定向动机流——二语动机理论研究新进展[J].现代外语,2016(5):704-713.

[64]陈海燕.隐喻认知的创造性和外语教学[J].淮北煤炭师范学院学报(社会科学版),2003(4):111-112.

[65]陈娇.中学生隐喻能力与写作水平相关性的实证研究[D].成都:西南交通大学,2015:31-42.

[66]陈新仁.话语联系语与英语议论文写作:调查分析[J].外语教学与研究,2002(9):350-354.

[67]陈雪群.基于有声思维法的英语留学生汉语写作认知过程研究[D].厦门:厦门大学,2018:10.

[68]陈颖,关晓仙,俞理明,等.二语写作情境兴趣构念维度及激发研究[J].外语与外语教学,2016(3):94-99.

[69]程琪龙.认知语言学概论[M].北京:外语与教学研究出版社,2003.

[70]程晓堂,郑敏.英语学习策略——从理论到实践[M].北京:外语教学与研究出版社,2002.

[71]邓鹂鸣,刘虹,陈芃,等.过程写作法的系统研究及其对大学英语写作教学改革的启示[J].外语教学,2003(6):58-62.

[72]冯晓虎.隐喻——思维的基础,篇章的框架[M].北京:对外经济贸易大学出版社,2004.

[73]高强,刘振前,王梅花.英语专业大学生学习动机消退成因探究[J].外语教学,2014(2):50-54.

[74]桂诗春.实验心理语言学刚要[M].长沙:湖南教育出版社,1997.

[75]郭纯洁,刘芳.外语写作中母语影响的动态研究[J].外语与外语教学,1997(4):24-27.

[76]郭燕,秦晓晴.中国非英语专业大学生的外语写作焦虑测试报告及其对写作教学的启示[J].外语界,2010(2):193.

[77]洪牡丹.隐喻的语篇建构功能探究[J].巢湖学院学报 2014,(5):

124-127.

[78]惠良虹，马烁．大学生英语写作动机与动机调整策略的关系研究[J].内蒙古师范大学学报(教育科学版)，2012(1)：44-48.

[79]姜亚军，张辉．国外隐喻与第二语言习得述评[J].国外外语教学，2003(2)：1-7.

[80]教育部高等教育司．大学英语课程教学要求[M].上海：上海外语教育出版社，2015.

[81]教育部高等学校大学外语教学指导委员会．大学英语教学指南(2020版)[M].北京：高等教育出版社，2020.

[82]李航，刘儒德，刘源．大学生外语写作自我效能感在写作焦虑对写作成绩影响中的中介效应[J].心理发展与教育，2013(4)：385-390.

[83]李鹏飞．英语专业低年级写作动机与焦虑相关性[J].宜宾学院学报，2012(3)：112-115.

[84]李鑫华．英语修辞格详论[M].上海:上海外语教育出版社，2000.

[85]廖桂湘，甘宇．我国英语写作策略的历史演变与发展趋势[J].桂林航天工业高等专科学校学报，2007(3)：111-113.

[86]刘东红．词汇量在英语写作中的作用[J].现代外语，2003，26(2)：181-187.

[87]刘宽平，周业芳，曹小燕．提高中国学生英语写作能力的有效途径[J].外语教学，2003(6)：68-71.

[88]刘礼进．英汉篇章结构模式对比研究[J].现代外语，1999(4)：408-419.

[89]刘齐生．文化对语篇结构的影响——中德日常叙述比较研究[J].现代外语，1999(4)：346-361.

[90]刘思雯．“注意”对提高二语写作水平的作用——中国大学生英语写作过程研究[J].广东工业大学学报(社会科学版)，2008(2)：87-89.

[91]刘珍，姚孝军，胡素芬．大学生二语自我、焦虑和动机学习行为的结构分析[J].外语界，2012(6)：28-37.

[92]娄宝翠.中国学生英语写作中的造词现象[J].外语教学与研究,2001(1):63-68.

[93]卢仁顺."输出假设"研究对我国英语教学的启示[J].外语教学与研究,2002(4):34-37.

[94]吕中舌,杨元辰.大学生英语动机自我系统及其与学习投入程度的相关性——针对清华大学非英语专业大一学生的实证研究[J].清华大学教育研究,2013(3):118-124.

[95]马广惠,文秋芳.大学生英语写作能力的影响因素研究[J].外语教学与研究,1999(4):34-39.

[96]马广惠.学习动机和努力程度对外语学习成绩的影响[J].解放军外国语学院学报,2005(4)37-41.

[97]马广惠.中美大学生英语作文语言特征的对比分析[J].外语教学与研究,2002(9):345-349.

[98]秦晓晴.中国大学生外语学习动机研究[M].北京:高等教育出版社,2007.

[99]任庆梅.构建外语环境下的中介语发展认知心理模式[M].北京:高等教育出版社,2009.

[100]邵继荣.任务类型和任务条件对EFL写作的影响[J].国外外语教学,2003(2):28-34.

[101]沈育刚.隐喻意识对英语短语动词习得的作用[J].国外外语教学,2002(2):15-18.

[102]束定芳.隐喻学研究[M].上海:上海外语教育出版社,2000.

[103]苏慧慧.大学生英语写作中隐喻思维的彰显及其培养策略[J].六盘水师范学院学报,2013(1):34-38.

[104]孙鑫,赵永清.英汉写作过程和结果对比——对4名大学生的个案研究[J]. 外语教学理论与实践,2008(3):9-15.

[105]孙云梅,雷蕾.大学英语学习动机衰退影响因素研究[J].外语研究,2013(5):57-65.

[106]谭晓春.英语写作动机和写作策略对写作水平的影响研究[D].桂林:广西师范大学,2009:25-26.

[107]唐军俊.二语写作焦虑对二语写作过程的影响[D].武汉:武汉大学,2005:31-32.

[108]王初明.应用心理语言学——外语学习心理研究[M].长沙:湖南教育出版社,2003.

[109]王初明.外语写长法[J].中国外语,2005(1):45-49.

[110]王守仁.高校大学外语教育发展报告(1978-2008)[M].上海:上海外语教育出版社,2009.

[111]王寅.语义理论与语言教学[M].上海:上海外语教育出版社,2001.

[112]王金巴.大学生英语写作中的回避现象调查研究[J].外语教学,2010(3):55-59.

[113]王俊菊.二语写作认知心理策略研究[J].山东大学学报,2006(6):61-66.

[114]王立非.写作知识与课后作文练习对大学生英语写作能力的影响[J].解放军外国语学院学报,2002(1):73-77.

[115]王墨希,李津.中国学生英语语篇思维模式调查[J].外语教学与研究,1993(4):59-64.

[116]王文宇,文秋芳.母语思维与外语作文分项成绩之间的关系[J].外语教学与研究,2002(10):17-20.

[117]王文宇.母语思维与二语习得:回顾与思考[J].外语界,2002(4):6-10.

[118]王晓璐,杨连瑞,闫海娟.动态系统论视角下的二语学习定向动机流研究[J].当代外语研究,2017(4):49-54.

[119]魏志成.英汉语比较导论[M].上海:上海外语教育出版社,2003.

[120]文秋芳,郭纯洁.母语思维与外语写作能力的关系:对高中生英语看图作文过程的研究[A]//文秋芳.应用语言学研究方法与论文写作.北京:

外语与教学研究出版社,2002:398-416.

[121]文秋芳.中国英语学策略研究20年[A]//文秋芳,王立非.英语学习策略实证研究.西安:陕西师范大学出版社,2003:21.

[122]文秋芳.管理策略在英语学习中的作用[A]//文秋芳,王立非.英语学习策略理论研究.西安:陕西师范大学出版社,2003:5.

[123]文秋芳.英语学习的成功之路[M].上海:上海外语教育出版社2004.

[124]文秋芳.我国英语学习策略理论的构建[A]//文秋芳,王立非.英语学习策略理论研究.西安:陕西师范大学出版社,2004:47-59.

[125]吴红云,刘润清.二语写作元认知理论构成的因子分析[J].外语教学与研究,2004,36(3):187-195.

[126]吴红云.二语写作元认知理论的实证研究[M].北京:外语教学与研究出版社,2006.

[127]吴育红,顾卫星.合作学习降低非英语专业大学生英语写作焦虑的实证研究[J].外语与外语教学,2011(6):51-55.

[128]修旭东,肖德法. 从有声思维实验看英语专业八级写作认知过程与成绩的关系[J]. 外语教学与研究,2004(6):462-466.

[129]修旭东.英语写作测试中"理论效度"的理论依据模式[J].外语与外语教学,2002(11):57-60.

[130]徐智鑫.动机策略、学习动机和动机行为的内在关系—基于大学英语课堂的实证研究[J].外语教学理论与实践,2014(3):49-54.

[131]许力生,李广才.汉英论说文语篇的修辞模式对比[J].人大复印资料语言文字学,2003(1):42-49.

[132]亚历山大 L. G.朗文英语语法[M].雷航,甘美华,田路一,等译.北京:外语教学与研究出版社,1991.

[133]严明.大学英语自主学习能力培养实证研究[J].外语电化教学,2010(3)48-51.

[134]杨淑娴.英语写作成功者与不成功者在策略使用上的差异[J].外

语界,2002(3):57-64.

[135]杨永林.英语写作的范式转变与理论传承[J].外语教学与研究,2005(1):15-20.

[136]俞理明.语言迁移与二语习得——回顾、反思和研究[M].上海:上海外语教育研究出版社,2004.

[137]袁玲丽.论《新英语阅读》中的隐喻的教学[J].巢湖学院学报,2003(6):114-118.

[138]袁晓松.脑科学的发展对认知心理学的深刻影响[J].阴山学刊,2007(6):107-112.

[139]詹先君.二语自我性别差异研究[J].安徽科技学院学报,2016(4):119-123.

[140]张吉生,周平.英语写作教学中"结果法"与"过程法"的对比研究[J].外语与外语教学,2002(9):19-22.

[141]张军,斯库亚-斯笛尔·莉达.二语习得过程学习者策略研究的方法结果与教学诸问题———对近二十年中国英语学习者研究的回顾[A]//陈国华,戴曼纯.当代语言学探索.北京:外语教学与研究出版社,2003:78.

[142]张绍杰.中国外语教育传统历时调查研究:传统梳理与现实反思[M].北京:高等教育出版社,2015.

[143]张文忠.第二语言口语流利性发展的理论模式[J].现代外语,1999(2):202-217.

[144]张小妮.基于性别角色差异的大学生英语学习动机研究[J].兰州交通大学学报,2012,31(2):151-154.

[145]张新玲,周燕.不同任务类型对中国高低水平组EFL学习者写作过程的影响[J].解放军外国语学院学报,2016:(1):87-95.

[146]张玉蓉,孙燕.隐喻的衔接与连贯功能研究[J].湘南学院学报,2016(1):68-71.

[147]张在新,吴红云,王晓露,等.我国英语写作教学中的主要问题[J].外语教学与研究,1995(4):43-49.

[148]张在新，等，大学英语写作教程——从创新思维道批判思维[M].北京：外语教学与研究出版社，2020.

[149]赵宏，陈丽，郑勤华，等.成人远程学习者自主学习能力培养的教学模式探究[J].中国电化教育，2014(6)：37-41.

[150]赵江葵，敖练，周艳.大学英语写作策略教学的实效研究[J].外语电化教学，2012(1)：52-56.

[151]赵江葵.英语写作动机调整策略问卷的编制及该策略影响的研究[J].教育研究与实验，2011(6)：78-82.

[152]赵蔚彬.中国学生英语作文中逻辑连接词使用量化对比分析[J].外语教学，2003(2)：72-77.

[153]赵彦春.认知词典学探索[M].上海：上海外语教育出版社，2003.

[154]郑定明.写作焦虑对大学生英语写作的影响[J].三门峡职业技术学院学报，2005(1)：47-50.

[155]周慈波，王文斌.大学英语学习者负动机影响因子调查研究[J].中国外语，2012(1)：48-55.

[156]周志培.汉英对比与翻译中的转换[M].上海：华东理工大学出版社，2003.

[157]朱莉华，陈亚斐.外语教学归因论刍议[J].湘南学院学报，2007(3)：71-74.

[158]朱晓斌.写作教学心理学[M].杭州：浙江大学出版社，2007：173-177，180.

附　录

附录1

表1　实验参与者人数

	一年级	二年级	三年级	合计
前　测	20	20	20	60
后　测	14	11	11	36

表2　实验参与者基本信息

	一年级	二年级	三年级	合　计
男	3	2	0	5
女	11	9	11	31
年　龄	19.07	19.91	20.91	19.99
学习年限	6.21	8.09	9.09	7.80

表3　实验步骤

日　期	任　务	时间(分钟)
第一天	Comparing high school life and college life	30
第二天	对比乡村生活和城市生活	30

续 表

日 期	任 务	时间(分钟)
	把汉语作文翻译成英语作文	
	关于学习策略和写作过程的问卷调查	

表4 翻译法作文语言特征

	一年级	二年级	三年级
单 词	3735	3327	2019
句 子	278	188	152
T单位	387	301	205
正确T单位(EFT)	218	198	154
词 类	1858	1709	1099
限制性从句	99	88	51
非限制性从句	76	75	48
复杂句	164	132	86
复合句	202	198	95
简单句	114	56	64

表5 直接法作文语言特征

	一年级	二年级	三年级
单 词	2709	2373	1978
句 子	221	157	127
T单位	301	222	128
正确T单位(EFT)	199	165	142
词 类	1395	1241	1010
限制性从句	81	73	65

续 表

	一年级	二年级	三年级
非限制性从句	58	53	51
复杂句	128	108	92
复合句	142	115	101
简单句	93	49	35

表6 作文得分

	一年级	二年级	三年级	均 值
汉语作文	82.36	81.09	77.45	80.30
翻译法作文	80.71	81.18	77.82	79.90
直接法作文	78.86	83.73	79.91	80.83

表7 T单位长度

	一年级	二年级	三年级	均 值
翻译法作文	9.65	11.05	9.85	10.18
直接法作文	9.27	10.69	11.11	10.36

表8 文本长度

	一年级	二年级	三年级	均 值
翻译法作文	266.79	302.45	183.55	250.93
直接法作文	199.29	215.73	179.82	198.28

表9　句子长度

	一年级	二年级	三年级	均　值
翻译法作文	13.43	17.70	13.28	14.80
直接法作文	12.62	15.11	15.57	14.43

表10　限定性从句比

	一年级	二年级	三年级	均　值
翻译法作文	0.25	0.28	0.26	0.26
直接法作文	0.34	0.34	0.36	0.33

表11　非限定性从句比

	一年级	二年级	三年级	均　值
翻译法作文	0.19	0.26	0.24	0.23
直接法作文	0.21	0.24	0.29	0.25

表12　简单句比

	一年级	二年级	三年级	均　值
翻译法作文	0.41	0.30	0.42	0.38
直接法作文	0.42	0.31	0.28	0.34

表13　每句连接词或连接短语数

	一年级	二年级	三年级	均　值
翻译法作文	0.65	0.70	0.68	0.67
直接法作文	0.66	0.75	0.79	0.73

表 14　翻译法作文中正确 T 单位比 One-way ANOVA

Source	SS	df	MS	F	P-value	F crit
Between groups	0.20	2	0.10	4.01	0.03	3.28
Within group	0.84	33	0.03			
Total	1.05	35				

表 15　直接法作文中正确 T 单位比 One-way ANOVA

Source	SS	df	MS	F	P-value	F crit
Between groups	0.10	2	0.05	1.95	0.16	3.28
Within group	0.83	33	0.03			
Total	0.93	35				

表 16　翻译法作文中 T 单位长度 One-way ANOVA

Source	SS	df	MS	F	P-value	F crit
Between groups	8.66	2	4.33	1.38	0.27	3.28
Within group	103.42	33	3.13			
Total	112.07	35				

表 17　直接法作文中 T 单位长度 One-way ANOVA

Source	SS	df	MS	F	P-value	F crit
Between groups	21.92	2	10.86	8.53	0.00	3.28
Within group	42.43	33	1.29			
Total	64.35	35				

表18 翻译法作文中词汇复杂度 One-way ANOVA

Source	SS	df	MS	F	P-value	F crit
Between groups	5.96	2	2.98	5.74	0.01	3.28
Within group	17.14	33	0.52			
Total	23.11	35				

表19 直接法作文中词汇复杂度 One-way ANOVA

Source	SS	df	MS	F	P-value	F crit
Between groups	2.03	2	1.01	3.20	0.05	3.28
Within group	10.45	33	0.32			
Total	12.48	35				

表20 翻译法作文中从句比 One-way ANOVA

Source	SS	df	MS	F	P-value	F crit
Between groups	0.02	2	0.01	0.32	0.73	3.28
Within group	1.26	33	0.04			
Total	1.29	35				

表21 直接法作文中从句比 One-way ANOVA

Source	SS	df	MS	F	P-value	F crit
Between groups	0.05	2	0.03	0.60	0.55	3.28
Within group	1.50	33	0.05			
Total	1.55	35				

表22　两种写作过程正确T单位比差异 T-test

Variables	Mean	Deviance	T-value	P
翻译法	0.64	0.03	-3.25	0.00
直接法	0.74	0.03		

表23　两种写作过程从句比差异 T-test

Variables	Mean	Deviance	T-value	P
翻译法	0.37	0.04	-2.38	0.01
直接法	0.46	0.04		

表24　两种写作过程文本长度差异 T-test

Variables	Mean	Deviance	T-value	P
翻译法	252.25	7874.88	3.88	0.00
直接法	198.36	1812.52		

表25　两种写作过程T单位长度差异 T-test

Variables	Mean	Deviance	T-value	P
翻译法	10.26	3.20	-0.47	0.00
直接法	10.42	1.84		

表26　两种写作过程词类比差异 T-test

Variables	Mean	Deviance	T-value	P
翻译法	5.72	0.66	1.69	0.00
直接法	5.13	0.36		

附录2 英语写作语言策略调查问卷

1. 您的基本情况

姓名____；性别____；年龄____；年级____；学习英语已经____年

2. 圈选符合您的实际情况的选项，1=完全不符合，2=通常不符合，3=有时候符合，4=通常符合，5=完全符合

A. 使用汉语对英语作文的作用是

文章组织的好	1	2	3	4	5
内容充实	1	2	3	4	5
句型多样富于变化	1	2	3	4	5
语句衔接通顺	1	2	3	4	5
词汇丰富	1	2	3	4	5

B. 完全直接用英语写作对英语作文的作用是

文章组织的好	1	2	3	4	5
内容充实	1	2	3	4	5
句型多样富于变化	1	2	3	4	5
语句衔接通顺	1	2	3	4	5
词汇丰富	1	2	3	4	5

C. 为了提高英语写作水平，您认为要怎样做

多做语法练习及其翻译	1	2	3	4	5
多背单词和范文	1	2	3	4	5
多读英语书报	1	2	3	4	5
多听英语	1	2	3	4	5
多讲英语	1	2	3	4	5
多写英语文章	1	2	3	4	5
要提高中文水平	1	2	3	4	5

D. 总的说来，汉语对于英语写作的作用是阻碍　1　2　3　4　5

E. 锻炼英语思维重要　1　2　3　4　5

3. 选择符合您通常写英语作文过程的描述

A. 完全直接用英语构思与写作

B. 既用汉语构思再翻译，也直接用英语写

C. 用汉语构思并逐句翻译为英语

4. 在本次直接用英语写作文的过程中，您的英语思维占____%。

5. 两次写作过程您认为比较容易的是_____ A. 翻译法；B. 直接用英语

附录3 文本标注方法

文本和句子	T单位数	单词数
Firstly[l], the life in high school is always busy.	1	9
Most of time, I spent all my time on study, doing much much homework.	1	14
Do the things that the teachers told me to do[cl].	1	10
I only have one aim —— to success[e] in entrance examination.	1	10
But in college[l], the life becomes coulourful[e].	1	7
I have more spare time to do the things I like[cl].	1	11
Next[l], the college life is more free.	1	7
When [l] I was in high-school, I felt that [cl] my parents were wordy.	1	13
All the time they told me that[cl]I should study hard and then[l]I could have a happy life.	2	21
So[l] after I came into m college, I feel free.	1	10
I can decide when[l]I should do something.	1	9
I need not worry about getting up late at weekend.	1	10
I can control the money myself.	1	6
I become independent.	1	3

注：[l] 指连接词；[cl] 指小句为从属分句；[e] 指该部分有语法错误。

附录4　交互式大学英语写作教学案例

课题：How to write the appropriate answer and the well-organized sentences

教学目标：（1）问句的结构特点与写作；（2）抓住信息要点，写作简练准确的答案；（3）读者意识和准确的回答；（4）语言的人际意义和自己态度的表达；

教学模式和课堂组织：（1）教师指导下的同辈反馈；（2）学习者自我反思

教学步骤：

Step 1

T: Read one short passage and write down question sentences. Make sure your question is easy to answer, that is, it will not force your partner to write too long answers, and not too short.

S: (read the passage, underline the importantinformation, then write down the questions they can think of on their paper)

Step 2

T: Exchange your paper of your questions with your classmates.

Step 3

T: Analyze the question sentence and assess whether they are well-structured.

S: (according to the teacher's demonstration they analyze the senetene and correct when necessary)

Step 4

T: Write your answer to these questions on the paper.

S: (read the passage and find the answer, and write down the answer, paying attention to the structure of sentence, and make sure the answer is concise and accurate)

Step 5

T: Return your paper and evaluate your partner's answer.

S: (according to the guide from the teacher evaluate the sentence structure and the answer, and find out what the partner wants)

Step 6

T: Evaluate their answer and offer certain improvement advice.

S: (talk with the partner and suggests where and how to correct and improve the answer)

Step 7

T: (Collect the classroom exercise and comment on their sentence. Concerning theme-rheme structure, the modality of the sentence, the connective words and phrases. Demonstrate in class.)

Step 8

T: Help to improve your partner's sentence.

S: (according to the teacher's guide revise the sentences)

Step 9

T: Switch your paper and correct your own sentences. Add to your notebook what you have learnt about writing correct sentences.

S: (reflect and note down cerntian strategy in writing sentences and composing questions)

Step 10

T: Return your partner's paper

附录5　交互式写作教学的设计和依据

背景：写作课很大程度上容易陷入说教的境地，老师介绍写作技巧、语法知识，或者范文分析，学生较少参与课堂互动，因此，课堂显得乏味，学生也觉得没有收获。有时候写作课就是纯粹的写作练习课，似乎上课没有什么意义。为了达到较好的教学效果，首先要有明确的教学目标，最好能结合语言学和教学法理论或者英语写作课学科知识，确定教学目标。其次，按照教学目标设计具有针对性的课堂活动，包括阅读、讨论、写作、讲解、评价和反馈，这样活动多样，上课就不显得单调乏味。而且，这些具有针对性的活动起到不同的促进学习的功能。阅读可以起到语言输入和信息输入的功能；讨论引起同辈之间的意义协商，提高了注意，促进语言学习和信息的交流；教师讲解可能涉及到语法、修辞、词汇、语篇、历史文化等，具有输入的作用。另外，老师的评价和反馈也启发学生如何去注意、讨论和分析相关的问题。当堂的写作实践既锻炼学习者的写作能力，而经过反思后的写作则有利于学生对自己写作经验的总结，促进写作知识和技巧的内化，提高了课堂教学效果。

目的：通过互动提高写作教学效果：传统的写作教学模式包括：(1)重结果的模式强调语法、句法、词汇和拼写等句子层面的教学，写作内容和过程往往被忽视。(2)重内容的模式重视写作素材的收集，教学重点在于帮助学生准备写作，丰富其写作内容。但对学生语言能力要求较高。(3)重过程的模式强调学生的需求为师生之间的交互学习的中心。该模式有利于调动学生的积极性，发展学生的思维力和学生自己对写作过程的理解，然而花费时间长，忽略了不同体裁文章结构的区别。学生反馈流于形式，教学活动枯燥，不重视写作技巧，课堂教学所涉及的体裁有限（刘宽平等，2003）。

写作能力的提高标志不仅仅是语言质量高。其实，强调语言形式会导致语言空洞，缺乏思想。学生缺乏思想和批判性思维导致写作成品内容空洞。以往的写作教学强调自由写作（free writing）和头脑风暴（brainstorming），这些模式尽管很好，但是缺乏教师的介入和引导，也缺乏同辈之间的互动和“搭脚手架”，因此，他们的思想和批评性思考难以更加深入。而近年来英语四级六级考试的写作提纲和辅导班的提分的写作模式使得大学英语写作走向僵化。这种模式的文章只注重语言和结构，缺乏思想和创新，缺乏新意，扼杀了学习者的写作灵感和写作能力。

交互式写作教学的根本原则：学生积极参与，课堂教学的目的是把学生引入到思考的过程中，让学生通过实际的“互动”和“写作”来获得思维和写作能力的发展，是“以写促学”的过程。任务的真实性和“用语言做事”是提高互动和参与的关键。另外，兼顾课内和课外学习的相互补充，鼓励自主学习和课后学习，拓宽学生知识面，着眼于培养学生的分析问题的能力。因此，互动促进学生思考和相互学习。

理论基础：交互式写作教学模式的理论基础是Michael Long的互动假说，即在交互过程中学习者进行意义协商时必须调整语言形式从而提供有效的语言输入，提高语言学习效率。国内外关于互动模式的写作教学研究表明，无论师生互动还是生生互动，都对写作水平的提高具有促进作用。有研究证明，在交互式写作教学中，学习者之间互动和反馈，既增加了阅读和练习写作的机会，又提高了写作能力，比如，修改能力（Lockhart，1995；Berg，1999）。目前国内的相关研究介绍了不同类型的互动式教学对写作教学的促进作用，比如，利用互联网写作平台提高生生互动和师生互动的效率（于兰，2010）。

交互式写作教学的组织原则是支架理论和最优发展区理论。根据支架理论和最优发展区理论，在互动过程中学习者相互支持和合作，深化和构建新的学习过程。在互动模式的写作活动中，学习者之间交流和协商，彼此相互启发，引导有意注意的方向，从而在意义的交流过程中附带习得语言知识、修辞知识；通过头脑风暴，彼此搭建“脚手架”，支持对方更接近学习的目标。

互动中的写作实践和课堂学习更是超越语言学习的学习。通过互动交流，学习者不断相互学习不断认识到语言学习的意义，提高了语言学习的信念。此外，更加明确自己的学习目标，提高了自己的学习动机。在同辈的反馈和帮助下，学习者不断取得进步，学习效能感提高，学习动机发生改变。

提问和交互作用的效果：课堂教学中，教师的讲解、提问和反馈具有输入作用。讲解向学习者提供明示的语言知识，是直接的语言输入。教师提问也具有间接的输入作用。教师提问可以激发和维持学生的兴趣，鼓励学生思考，提高有意注意，增强课堂输入的效果；另外，可以鼓励学生积极参与课堂活动和语言操练，诱发答案（Richards & Lockhart，1996），提高语言输出和输入（周星、周韵，2002）。无论是事实型和封闭型问题，还是开放型和参阅型问题，教师所提的问题都会促进学生积极思考，进行语言的输出和输入（黄冰，2004）。教师反馈也具有输入作用。教师的反馈可以是积极评价，肯定学生回答的内容或者语言形式；也可能是对学生回答错误的纠正和解释。肯定的评价让其他学生意识到答案是正确的，因此，回答就成为一种可理解性输入。如果教师纠错，那么他纠错和解释的话语就成为有效的输入。另外，正确答案和错误答案的对比，增强了学生的有意注意，提高教师的话语的输入效果。研究表明启发式反馈可以100%提高正确率（丁言仁，2004），而进一步诱发输出的反馈促进学生的语言输出和语言学习（郭新婕，2008）。因此，教师话语对回答问题者来说具有反馈功能，对其他学生来说具有演示功能和输入功能。当一个学生回答教师的提问的时候，他的回答既是语言输出同时也是全班学生的语言输入。同样，学生同辈之间的提问和反馈也具有同样的功能。可以通过提问和反馈，提供学习支持，激发学生的思考和“有意注意”，提高课堂学习气氛和教学效果。

附录 6　Salt

Henry van Dyke

1 "Ye are the salt of the earth"Matthew: 5:13

2 This figure of speech is plain and pungent. Salt is savory, purifying, preservative. It is one of those superfluities which the great French wit defined as "things that are very necessary.' From the very beginning of human history men have set a high value upon salt and sought for it in caves and by the seashore. The nation that had a good supply was counted rich. A bag of salt, among the barbarous tribes, was worth more than a man. The Jews prized it especially, because they lived in a warm climate where food was difficult to keep, and because their religion laid particular emphasis on cleanliness, and because salt was largely used in their sacrifices.

3 Christ chose an image which was familiar, when He said to His disciples, "Ye are the salt of the earth." This was His conception of their mission, their influence. They were to cleanse and sweeten the world in which they lived, to keep it from decay, to give a new and more wholesome flavor to human existence. Their function was not to be passive, but active. The sphere of its action was to be this present life. There is no use in saving salt for heaven. It will not be needed there. Its mission is to permeate, season, and purify things on earth.

4 Men of privilege without power are waste material. Men of enlightenment without influence are the poorest kind of rubbish. Men of intellectual and moral and religious culture, who are not active forces for good in society, are not worth what it costs to produce and keep them. If they pass for Christians they are guilty of obtaining respect under false pretenses. They were meant to be the salt of the earth. And the first duty of salt is to be salty.

5 This is the subject on which I want to speak to you today. The saltiness of

salt is the symbol of a noble, powerful, truly religious life.

6 You college students are men of privilege. It costs ten times as much, in labor and care and money, to bring you out where you are today, as it costs to educate the average man, and a hundred times as much as it costs to raise a boy without any education. This fact brings you face to face with a question: Are you going to be worth your salt?

7 You have had mental training, and plenty of instruction in various branches of learning. You ought to be full of intelligence. You have had moral discipline, and the influences of good example have been steadily brought to bear upon you. You ought to be full of principle. You have had religiousadvantages and abundant inducements to choose the better part. You ought to be full of faith. What are you going to do with your intelligence, your principle, your faith? It is your duty to make active use of them for the seasoning, the cleansing, the saving of the world. Don't be sponges. Be the salt of the earth.

...

8 Think, in the second place, of the duty which men of moral principle owe to society in regard to the evils which corrupt and degrade it. Of the existence of these evils we need to be reminded again and again, just because we are comparatively clean and decent and upright people. Men who live an orderly life are in great danger of doing nothing else. We wrap our virtue up in little bags of respectability and keep it in the storehouse of a safe reputation. But if it is genuine virtue it is worthy of a better purpose than that. It is fit, nay, it is designed and demanded, to be used as salt, for the purifying of human life.

附录7 参考试题及答案

1. According to paragraph 2, what is the function of salt?

(Salt is savory, purifying, preservative)

2. According to paragraph 2, what kind of nation is counted rich?

(The nation that had a good supply was counted rich)

3. In paragraph 4, there is "the first duty of salt is to be salty". What does it mean to ask a man to do?

(Like the salt to be salty which is its duty, a man should fulfil his duty to do good to the world)

4. In paragraph 6, there is "Are you going to be worth your salt?" What does it mean to a college student?

(It means to ask a college student to be a useful person to the society.)

5. In paragraph 8, the author of the speech asked the college students to "to be used as salt, for the purifying of human life", do you agree?

(No, I don't agree. As for college students, they have been trained with professional knowledge with which they should serve the society and for the welfare of the people)

后　记

呈现在各位读者面前的这本关于外语写作研究的书在某种程度上是我的论文集，也是一位普通大学英语老师坚持教学实践和教学反思的结果。在教授外语写作的过程中，我经常反思自己的教学活动，观察自己的课堂教学和教学中的问题，思考并总结自己的感悟和经验，以提高自己的教学效果。教学反思的结果最终形成关于外语写作教学的论文。本书的主要内容是我近几年所写的有关外语写作教学的论文，反映了我对外语写作教学的认识的发展变化过程。

在从事外语教学研究的开始阶段，我对于外语写作的认识只聚焦于词汇、翻译、语法和句法问题。随着研究的深入，我的写作研究从语言问题发展到关注写作策略，比如，隐喻策略和二语写作的关系、写作策略系统和功能，以及策略和写作焦虑的关系。在研究写作策略和写作焦虑的关系的过程中，我认识到写作者的情感因素在写作过程的作用，于是写作动机开始进入我的研究范围。随后我研究了写作动机的内涵和结构、写作动机对于不同学习者的影响及其变化规律，以及写作动机对写作努力程度的影响，最后分析了写作动机、学习者信念和写作焦虑等因素对于写作过程的共同影响。就这样我对外语写作教学的研究不断发生变化，自己对写作教学的认识由语言能力决定写作成效转向相信写作过程和学习者因素影响写作教学效果。

外语写作是通过书面形式使用外语进行交流的语用实践，其目的是用外语向外国读者介绍和表达自己的想法，达到和外国人士交流的目的。为了提高学习者外语写作能力，写作课能做什么？在外语写作课的课堂上老师能做什么？传统的教育理念认为老师应该控制课堂，思想睿智学识丰富，可是满堂灌的教学方式并不能达到教学效果，而且老师自己的知识也是有限的。其实，课堂应该是一个师生对话和思想交流的场所，教师应该放松对课堂的控制，引导学生去思考和对话，让学生积极参与课堂，让年轻的同学们之间相互交流，让思想碰撞产生美丽的思想火花，让教学内容随着对话而潜入课堂，润物无声。当同学们的思维在对话中被激活，并能认识到别人的观点也有可取之处的时候，我们的教学效果就达到了。

大学英语写作课对于外语老师来说确实不是一门容易的课程。站在写作课的课堂上每个老师都会面临着问题和挑战。我们上写作课的目的是什么？我们如何上课和组织课堂而不至于冷场？我们的写作课能够和应该教授什么内容？我们通过写作课对学生产生什么影响？在什么方面能够引起学生的改变？这些都是悬而未决的问题，也增加了写作课老师的烦恼和挑战。但是，既然接受挑战，就应该坚持下去，拿出自己的全部精力，勇敢面对。让我们坚持和潜心学习，努力探索有效的方法，提高写作教学效果。在这样的努力和坚持中，既改变了我们对于大学英语写作教学的认识，也促进我们的教学能力的发展和作为教师自我的成长。

陶行知先生认为生活即教育。关于教师的职业发展和个人成长，浙江大学吴宗杰教授和海南师范大学韩刚教授指出，课程即人。作为老师，我们的学习、教学和生活相互交织相互影响，使得教师生活和教学场景中的每一个事件都在影响和造就教师自己，而教师自己的变化也在影响着他的课堂和教学内容。我曾经阅读过浙江师范大学黄爱凤老师有关她自己的教学生活的一首诗《小草》。诗中写道："……有一天我的眼睛在寻找，/我要在课堂上展现一样东西给学生。/低头发现了一棵小小的宽叶草，/那么茂盛，那么自在！/我毫不犹豫地拔起了那棵草，/连根带须地把它带进了课堂。……"当黄老师把自己在上课路上发现的一株小草带入课堂给学生看，带领学生学习，引导学生思考的时候，她就把自己的生活和教学联系起来，把学生的学习和他们自己的生活联系起来。对于教师来说，生活即教学，教学即生活，"……身边的一草一木都变得有意义。"因此，教师的发展和成长，就是教学能力的成长。尽管教学中充满了挑战和不确定因素，但何尝不是惊奇、惊喜和机遇呢？认定目标，坚持学习和反思，教学中的问题必定会给我们带来改变和成长，自己的教学与研究就会慢慢发生质的变化。

这就是本书的写作背景和写作过程，反映了一个普通大学英语老师的教学、反思和对外语写作教学的认识和变化。由于作者的水平有限，书中肯定存在不少错误和偏见，恳请各位读者和专家批评指正。